中亚、西亚、中东乃至北非和欧洲的陆地商路与文化之路。[1] 古代丝绸之路上的驼铃其实并没有多少浪漫可言，商人们之所以选择艰苦地穿过沙漠，主要是因为他们想要避开草原游牧部落的劫掠。[2] 仅有在游牧帝国与中原王朝之间维持和平的情况下，古代丝绸之路草原支线的安全才有保障。总体而言，在古代中国与丝绸之路沿线异民族间的关系中，中原王朝与周边草原游牧民族间的关系更为核心，涉及战争、朝贡、结盟、联姻、贸易等重要形式。

当今中国提出的丝绸之路经济带（"一带"），容易令人想起上述古代的陆上丝绸之路（"陆丝"），但前者包括的地域要远比后者广大精微。单从地理的角度说，和"一带"更对应的是古代中国的陆地周边及其西面延伸可至的亚欧地区。对"陆丝"的理解于是也应该放在古代中国的周边经略中去进行，这样才能更好地鉴古观今，对当前的"一带"建设有所启发。根据上一章推演出的外交差序格局，古代中国在对外关系中首要考虑的是安全维度，陆地边疆内外的游牧民族，其重要性也正是

---

[1]　参见［法］勒内·格鲁塞：《草原帝国》，蓝琪译，北京：商务印书馆，1998年，第68～70页；林梅村：《丝绸之路考古十五讲》，北京：北京大学出版社，2006年，第4页。

[2]　参见［美］拉铁摩尔：《中国的亚洲内陆边疆》，唐晓峰译，南京：江苏人民出版社，2005年，第119页。

体现在安全上,边疆贸易和陆丝贸易本质上都与安全问题密切相关。从历史看,中原王朝与游牧民族在生产生活方式上的矛盾很难被调和,从而导致汉朝以来古代中国经略周边,都将北面的游牧民族视为重中之重。

最大的安全威胁来自北方边疆

关于秦朝以来古代中国所面临的安全威胁,有一种流行的观点认为:"中国自古之边患,常从北方而来。"[1]钱穆先生也基本认同这种说法,并将之解释成北方游牧文化与中国农业文化间的长期冲突。[2] 这样的观点确有其洞见,但也未免有些笼统,容易叫人忽略北部边疆游牧民族的复杂性。事实上,古代中国所谓的"游牧民族",从来就不是铁板一块,内部有很多不同的种族,各

[1] 参见罗家伦:《序黄麟书先生秦皇长城考》,1972 年,转引自台湾三军大学编著:《中国历代战争史》(第 2 册),北京:中信出版社,2012 年,第 259 页。

[2] 参见钱穆:《中国历史精神》,新北:联经出版事业股份有限公司,1998 年,第 74 页。

自的游牧程度存在差别①,组织集权的程度各有不同②,
对中原王朝的威胁能力也不一样(参见表 3.1)。即便是
同一个种族,也有不同的部落,并且常常因为权力继承
问题而闹得四分五裂。

表 3.1　秦朝至清朝中期中国主要的边疆战争一览表

朝代 (时间)	主要交战对象	地缘安全威胁的 主要来源地
秦朝 (前 221—前 207)	匈奴	西北、北
西汉 (前 202—8)	匈奴、朝鲜	西北、北、东北
东汉 (25—220)	匈奴、西域、高句丽、乌桓、鲜卑	西北、西、北、东北
西晋 (266—316)	匈奴	北

---

　　① 参见[美]拉铁摩尔:《中国的亚洲内陆边疆》,唐晓峰译,南京:江苏人民出版社,2005 年,第 49 页。

　　② 以匈奴和鲜卑为例,前者采用的制度类似于今日世界之"联邦"制,匈奴各部族处理对外关系的权力被单于所掌握;后者的联盟相对松散,与今日之"邦联"制类似,鲜卑族各部落头领都可与中原王朝就双边关系达成协议。参见[美]巴菲尔德:《危险的边疆:游牧帝国与中国》,袁剑译,南京:江苏人民出版社,2011 年,第 47,106～107 页。

续表

朝代 （时间）	主要交战对象	地缘安全威胁的 主要来源地
东晋 （317—420）	匈奴、鲜卑、氐族、羌族	东北、西北
南北朝 （420—589）	鲜卑	东北
隋 （581—618）	突厥、吐谷浑、高句丽	北、西北、东北
唐 （618—907）	突厥、薛延陀、龟兹、吐谷浑、吐蕃、契丹、高句丽、回纥	西北、北、东北
五代 （907—960）	契丹	东北
北宋 （960—1127）	契丹、党项	东北、西北
南宋 （1127—1279）	契丹、女真	西北、北、东北
元 （1271—1368）	党项、女真	北、西北、东北
明 （1368—1644）	蒙古、女真（后金）、日本	西北、东北、东
清朝前中期 （1644—1840）	蒙古、回部、廓尔喀、新疆	西北、西、北

资料来源：作者整理，主要依据台湾三军大学编著：《中国历

代战争史》(第 1～18 册),北京:中信出版社,2012 年;尼古拉斯·塔林编:《剑桥东南亚史》(第一卷),贺圣达等译,昆明:云南人民出版社,2003 年;Twitchett,Denis,Fairbank,John K.,edited,*The Cambridge History of China*,Volume 1,3,5,6,7,8,9,10,Cambridge:Cambridge University Press,出版年份各异。

在安全维度,游牧民族与中原王朝之间的关系比较复杂。通过系统考察古代中国的边疆战争史(参见表 3.1),发现这一关系主要有三种情形:第一,游牧民族长期是古代中国主要的安全威胁,但这种威胁在大多数时候并非以征服和占有中原地区为目的,而是以抢劫农产品和财富或是勒索中原王朝为主要目标。[1] 第二,在中原王朝发生内乱时,边疆地区的一些游牧民族常常也会卷入纷争,他们通过支持其中一方而影响着古代中国的政治走向。例如,三国时期的诸葛亮曾试图联合北方的鲜卑部族对曹魏进行夹击[2];东突厥在隋亡唐兴的时局中发挥过重要作用[3];唐朝在回纥的帮助下平定了安

---

[1]　参见[美]巴菲尔德:《危险的边疆:游牧帝国与中国》,袁剑译,南京:江苏人民出版社,2011 年,第 12 页。

[2]　参见许嘉璐编:《二十四史全译·三国志》(第一册),上海:汉语大词典出版社,2004 年,第 462 页。

[3]　参见刘学铫:《突厥汗国》,西安:陕西人民出版社,2019年,第 94 页。

史之乱[1];明成祖在"靖难之役"中得到蒙古兀良哈部的军事援助[2]。第三,在应对来自草原的安全威胁时,中原王朝在组织汉军进行防御或进攻之外,也常常与其他游牧民族或部落组成战略联盟,或是采用"以夷制夷"的羁縻之策来构筑战略缓冲。[3] 举例而言,著名的张骞通西域,是汉武帝希望联合大月氏抗击匈奴,而并非为了贸易。[4]

就上述第一种情形而言,中原王朝之所以长期面临草原地带的军事压力,通常的解释是定居的农耕文明与

---

① 参见 Twitchett, Denis, edited, *The Cambridge History of China*: *Volume 3*, *Sui and T'ang China*, *589—906*, Part I, Cambridge: Cambridge University Press, 2008, pp.565-567.

② 参见 Mote, Frederick W., Twitchett, Denis, edited, *The Cambridge History of China*, *Volume 7*, *The Ming Dynasty*, *1368—1644*, Part I, Cambridge: Cambridge University Press, 1998, p.196.

③ 有关汉朝对这一策略的使用,可参见余英时:《汉代贸易与扩张:汉胡经济关系结构研究》,邬文玲等译,上海:上海古籍出版社,2005年,第22～24页。

④ 参见[美]陆威仪:《早期的中华帝国:秦与汉》,王兴亮译,载[加]卜正民编:《哈佛中国史》(第1卷),北京:中信出版社,2016年,第143～144页。

流动的游牧文明之间的冲突。[①] 后者如果无法通过贸易的方式从前者那里获取所需的汉地物品，就只能使用劫掠的手段入侵中原。但一个更深刻的解释是，游牧民族与中原王朝的贸易不平衡关系所带来的安全困境：相较而言，游牧民族出于稳定人口和壮大力量的考虑，更需要与中原王朝进行贸易，以获得农产品和有军事价值的铁制品。但是中原王朝会因为这种贸易而面临更大的安全威胁，因此在可能的情况下必定会加以限制，这反过来又对游牧民族的安全形势不利。简言之，游牧民族和中原王朝在努力改善自身安全状况时，都可能会给另一方的安全带来损害，进而容易导致战争。[②]

　　第二种情形看似与第一种情形矛盾，但实质上反映的是古代中国的内向传统（参见第二章）以及游牧民族与中原王朝的共生关系。对中原王朝而言，内部统治稳

----

　　① 　参见钱穆：《中国历史精神》，北京：九州出版社，2012年，第65页；［美］费正清编：《中国的世界秩序：传统中国的对外关系》，杜继东译，北京：中国社会科学出版社，2010年，第70～71页；［日］柄谷行人：《帝国的结构：中心、周边、亚周边》，林晖钧译，台北：心灵工坊文化事业股份有限公司，2015年，第6～7页。

　　② 　这里的解释是从现代国际关系理论中所得到的启发。有关安全困境更详尽的理论阐释，可参见［美］戴尔·科普兰：《经济相互依赖与战争》，金宝译，北京：社会科学文献出版社，2018年，第8～16页。

定以及全国大一统的局面,是获得天命的最重要指征。换言之,最首要的还是要将内部问题解决好。[1] 因此,在发生内部叛乱时,古代中国借助外部的游牧民族力量,不仅不会有任何思想上的障碍,而且反倒成为最现实和最自然的战略选择。在游牧民族一端,参与中原王朝的平叛不仅可以收取优厚的酬劳,也可顺便劫掠发生叛乱的地区。此外,一旦叛乱被平定,还可胁迫中原王朝支付更多的岁贡。从更深层次的原因来说,统一的中原王朝和稳定的农耕地区有利于游牧民族的可持续"发展"(劫掠),并且维持中原地区的政治现状也有利于减少游牧民族与中原王朝的谈判成本。由于绝大多数游牧民族都缺乏管理和经营中原地区所需的知识、能力与技巧,采用劫掠和胁迫的手段便成为最佳的策略,从而在游牧民族与中原王朝之间建立起一种共生的关系。[2]

第三种情形凸出了边疆对中原王朝安全的重要性。通常说边疆地带,指的是古代中国长城沿线的地域,从性质上来讲属于农耕社会与游牧经济之间的过渡地带。在草原内部发生分裂时,在斗争中处于弱势的游牧部

---

[1] 参见吕思勉:《吕著中国通史》(下),哈尔滨:哈尔滨出版社,2019年,第115～116页。

[2] 有关这种共生关系的讨论,请参见[美]巴菲尔德:《危险的边疆:游牧帝国与中国》,袁剑译,南京:江苏人民出版社,2011年,第113～122页。

落,有时会退守到边疆地带,并选择暂时投靠中原王朝,以此积蓄力量以图东山再起。① 这使得中原王朝与这些游牧部落可以结成战略联盟,边疆于是成为农耕社会与草原社会间的战略缓冲地带。当对立的游牧部落都寻求中原王朝的支持时,后者就必须小心地在边疆内外的游牧部落间维持一种均势。② 否则草原上的力量平衡一旦被打破,就容易催生统一的草原帝国,最终将会使中原王朝与游牧民族的安全关系退回到前述第一种情形。正是在这样的意义上,边疆才成为观察中原王朝和草原帝国兴衰的一个重要窗口。③ 汉朝与匈奴对陆丝沿线绿洲国家的争夺便是一个很好的例子。④ 唐朝的鼎盛与其大败西突厥后降服西域各国也是密切相

---

① 汉朝时这方面的例子,可参见[美]巴菲尔德:《危险的边疆:游牧帝国与中国》,袁剑译,南京:江苏人民出版社,2011年,第79～80页。

② 明朝时这方面的例子,可参见[美]巴菲尔德:《危险的边疆:游牧帝国与中国》,袁剑译,南京:江苏人民出版社,2011年,第303～304页。

③ 参见[美]拉铁摩尔:《中国的亚洲内陆边疆》,唐晓峰译,南京:江苏人民出版社,2005年,第322页。

④ 参见[法]勒内·格鲁塞:《草原帝国》,赵晓鹏译,北京:中国致公出版社,2019年,第44页。

关的。[1]

总体而言,游牧民族相对农耕定居民族具有明显的军事优势,这主要是因为草原比农业的生产生活方式具有更强的流动性。在游牧社会,马的使用是一种必需。这使得草原民族容易造就强大的骑兵。在不同的时节,他们也常常需要在不同的牧场间快速转场。这天然地锻造着草原民族的机动性和游击战能力。[2] 相比之下,定居的农耕民族则缺乏这样的流动性优势,他们用马的能力自然不如游牧民族,出塞打仗还常需携带粮草辎重,一则减少了部队的机动性,二则花费高的同时还在一定程度上影响农业生产。相比之下,游牧民族可以携带肉干和奶酪等干粮与汉民族作战,在侵扰汉地时还能就地掠夺解决补给。[3]

这种流动性所带来的优势是如此根深蒂固,以至于古代中国在面对草原帝国的安全威胁时,极少能够单纯

---

[1] 参见杨军、高厦:《怛逻斯之战:唐与阿拉伯帝国的交锋》,北京:商务印书馆,2016年,第15~24页;刘学铫:《突厥汗国》,西安:陕西人民出版社,2019年,第198页。

[2] 参见[美]拉铁摩尔:《中国的亚洲内陆边疆》,唐晓峰译,南京:江苏人民出版社,2005年,第45~47页。

[3] 参见[日]冈田英弘、神田信夫、松村润:《紫禁城的荣光:明清全史》,王帅译,北京:社会科学文献出版社,2017年,第33~34页;钱穆:《中国历史精神》,北京:九州出版社,2012年,第66页。

依靠军事手段解除威胁,大多数时候都因游牧民族的侵扰而深受其苦。但是草原帝国也一直未能在整个中原地区建立起"大一统"的汉族式统治,根本原因在于游牧民族的部落政治与儒家政治体系很难融合。[①] 当忽必烈在元朝采用一种二元统治策略时,局面开始有所改变。[②] 但这种策略并未完全制度化,特别是未能有效解决权力有序继承的问题,很大程度上导致了元朝的国祚不长。

　　外族统治古代中国最成功的当属清朝[③],但是兴于东北的满洲人并不算是纯粹的游牧民族。东北的经济地理形态是畜牧与农耕的混合,这为满洲人跨文化理解游牧民族与汉族社会提供了可能,并且使之在制度和技术上能够兼收并蓄、博采众长,这也是东北少数民族在上千年的历史中能够对中原王朝形成安全威胁的重要原因(参见表3.1)。在与中原王朝和草原部落长时间打交道的基础上,东北的少数民族终于在清朝发展出了中

---

　　① 参见[美]巴菲尔德:《危险的边疆:游牧帝国与中国》,袁剑译,南京:江苏人民出版社,2011年,第130、219页。

　　② 参见[法]勒内·格鲁塞:《草原帝国》,赵晓鹏译,北京:中国致公出版社,2019年,第375～377页。

　　③ 参见[美]巴菲尔德:《危险的边疆:游牧帝国与中国》,袁剑译,南京:江苏人民出版社,2011年,第322页。

原、草原、绿洲及雪域一统的制度和能力。[1] 在这一过程中,西洋火器的东传也发挥了重要作用。明朝后期曾用源自欧洲的红夷大炮(又作"红衣大炮")成功抵御满洲铁骑,但满洲人迅速使用八旗中的汉军装备西洋火器,转而在对中原地区的攻城战中占据优势。[2]

陆路对外贸易的安全色彩

从经贸维度来看,中原王朝重视与陆地边疆少数民族的往来,主要的考虑仍在保障国内和边疆的安全上。总体而言,中原王朝与游牧民族之间的贸易,带有很强的安全色彩。即便是与异民族之间的远距离贸易,也难免受制于中原王朝与草原国家间的安全关系。具体而言,古代中国通过陆路与异民族发生的贸易关系,大致可分为如下三种类型:朝贡贸易、边地贸易、陆丝贸易。

第一种类型是朝贡贸易。首先需要点明,中原王朝

---

[1] 有关这些制度和能力的精彩论述,可参阅[美]欧立德:《乾隆帝》,青石译,北京:社会科学文献出版社,2014 年。

[2] 参见 Rawski, Evelyn S., *Early Modern China and Northeast Asia: Cross-Border Perspectives*, Cambridge: Cambridge University Press, 2015, pp.85-87.

与游牧社会之间的朝贡贸易,在性质上有别于古代中国与东南亚及其他海丝沿线国家间的朝贡关系(参见第四章的讨论)。这一点常常被学者们所忽略。中原王朝在海上朝贡关系方面具有较强的选择性和自主性,多从文化方面来考虑,客观上促进了贸易往来;而与游牧社会的朝贡贸易本质上是一种安全策略,类似于"花钱买平安",中原王朝在此情形下的议价能力通常较弱。

中原王朝通过将有军事威胁能力的游牧政权纳入朝贡体系,从而与草原国家建立起形式上的贸易交换关系,但这种交换是明显不平等的。中原王朝向游牧地区统治者提供的岁贡价值,要远远超过后者向中原地区的进贡。在游牧政权看来,名义上向中原王朝表示归顺的朝贡体系虚有其表,但却可以从中获得实实在在的经济利益。① 从中原王朝的角度出发,朝贡贸易的好处在于可以避免代价高昂的战争。② 这种和平的方式不仅符合儒家的价值体系,而且有助于削弱军队将领在中原朝廷政治中的影响力,因而能在大多数时候得到文官体系

---

① 参见[美]巴菲尔德:《危险的边疆:游牧帝国与中国》,袁剑译,南京:江苏人民出版社,2011年,第75～76页。

② 参见[美]巴菲尔德:《危险的边疆:游牧帝国与中国》,袁剑译,南京:江苏人民出版社,2011年,第319页。

的提倡与支持。①

　　这种以朝贡替代战争的方法,好处的确显而易见,但缺陷是很难限制游牧民族要求更多岁贡的贪婪。在历史实践中,这种朝贡贸易关系很容易变成游牧民族赤裸裸的胁迫,一旦超过中原王朝的支付能力或是合理的限度,和平的局面就很难维持。以汉朝为例,自汉文帝始,就一直困扰于匈奴不断提高的需索,最终使得汉武帝放弃用"金钱买和平"的办法,转而对匈奴进行军事打击。② 再如宋朝的靖康之变,很重要的一个原因也是因为金人一再需索而导致议和不成。③

　　第二种类型是边地贸易。顾名思义,边地贸易一般指的是在边疆地区所开设的边市,汉民与少数民族可在其中进行商品交换。由于自给自足的农耕经济形态,中原王朝一向没有开设边市的积极性。反倒是基于安全考虑,历来严禁铜铁制品、粮食和农业生产技术流向边外。但对于游牧政权而言,他们深知普通的游牧民十分

---

　　① 参见[美]巴菲尔德:《危险的边疆:游牧帝国与中国》,袁剑译,南京:江苏人民出版社,2011年,第114、155页。

　　② 参见余英时:《汉代贸易与扩张:汉胡经济关系结构研究》,邬文玲等译,上海:上海古籍出版社,2005年,第43～44页。

　　③ 参见吕思勉:《中国通史(彩图珍藏版)》,北京:中华书局,2015年,第238～239页。

需要从边市获取汉地的农产品和手工业制品。因此,在与中原王朝建立朝贡关系以获得岁贡的同时,游牧政权通常也会基于游牧民的利益而提出开边市的要求。①一般认为,边地贸易有利于促进中原和草原之间的和平局面。② 但有学者指出,相对于农耕社会,游牧民族生产的可积累性较差,容易缺乏盈余与汉地进行交换,因此边地的和平局面也就不容易维持。③

在边地贸易中,汉地民众可以获得游牧民族的畜牧业产品(如牛、马、羊及奶产品)以及食盐等生产生活必需品,其中牛是汉族农业非常重要的生产物资。④ 而马作为重要的军事战略物资,也历来为中原王朝所看重,如汉武帝就非常喜爱大宛国的汗血宝马。⑤ 但古代中

---

① 参见[美]巴菲尔德:《危险的边疆:游牧帝国与中国》,袁剑译,南京:江苏人民出版社,2011年,第307页。

② 参见罗新:《有所不为的反叛者:批判、怀疑与想象力》,上海:上海三联书店,2019年,第123～124页。

③ 参见王明珂:《游牧者的抉择:面对汉帝国的北亚游牧部族》,新北:联经出版事业股份有限公司,2009年,第151页。

④ 有关汉朝时匈奴牧养的牲畜种类以及与汉地交易的情况,可参见王明珂:《游牧者的抉择:面对汉帝国的北亚游牧部族》,新北:联经出版事业股份有限公司,2009年,第126～127,152页。

⑤ 参见安平秋、张传玺编:《二十四史全译·汉书》(第二册),上海:汉语大词典出版社,2004年,第1278页。

国与游牧民族之间进行马的互市贸易,往往需要有一定的军事互信做基础。举例来说,唐朝时,回纥曾帮助平乱,因此能以较高的价格与中原开展大规模的马匹交易。明成祖时,马市交易也被其游牧盟友(即前面提到的兀良哈部落)所垄断。① 此外,汉唐等中原王朝一度大量屯兵西北以固边疆,朝廷以丝绸作为军饷,促进了中原农耕王朝和西北游牧民族之间的商品互通,从而进一步推动了边地贸易的繁荣。②

　　第三种类型是陆丝贸易。③ 与前述朝贡贸易和边地贸易相比,陆丝贸易有四个鲜明的特点:一是通过辗转古代西域、中亚和印度等多个贸易集散地而使得贸易

---

　　① 参见[美]巴菲尔德:《危险的边疆:游牧帝国与中国》,袁剑译,南京:江苏人民出版社,2011年,第193～194、302页。

　　② 参见[美]芮乐伟·韩森:《丝绸之路新史》,张湛译,北京联合出版公司,2015年,第9页。

　　③ 现有的学界研究大多没有将陆丝贸易与上述的边地贸易区分开来,而一般将陆丝贸易区分为草原之路和沙漠绿洲之路,但实际上边地贸易在草原丝绸之路中扮演着较为重要的角色,而且边地贸易和草原丝绸之路都高度依赖游牧民族与中原地区的和平局面。有关后一种区分,参见[日]森安孝夫:《兴亡的世界史03(丝绸之路与唐帝国)》,石晓军译,北京:北京日报出版社,2020年,第52页。

距离更远;①二是贸易规模相对较小;②三是奢侈品是最主要的贸易商品(如丝绸和玉石);③四是商人在其中扮演着重要角色。④ 尽管陆丝贸易的经济属性更强,但是这并非说它不会受到地缘安全的影响。如前所述,最早的陆丝贸易是通过古代中国西北绿洲地带进行的,联结起中原地带和更远的草原地带及农业文明(例如古中亚和古印度地区)。一般而言,这些非汉民族与中原王朝没有安全上的冲突,但他们与中原王朝的贸易线路却常常受上述游牧民族的影响。对于那些和中原王朝已经建立朝贡关系的强大游牧政权而言,他们通过控制这些贸易线路可获取利益。在非和平的环境下,陆丝贸易的

---

①　参见王治来:《中亚通史》(古代卷上),新疆:新疆人民出版社,2007年,第102页;[美]陆威仪:《早期的中华帝国:秦与汉》,王兴亮译,载[加]卜正民编:《哈佛中国史》(第1卷),北京:中信出版社,2016年,第143~144页。

②　参见[美]芮乐伟·韩森:《丝绸之路新史》,张湛译,北京联合出版公司,2015年,第297页。

③　参见[日]森安孝夫:《兴亡的世界史03(丝绸之路与唐帝国)》,石晓军译,北京:北京日报出版社,2020年,第57~58页;[美]拉铁摩尔:《中国的亚洲内陆边疆》,唐晓峰译,南京:江苏人民出版社,2005年,第34~35页。

④　例如,印度商人、回鹘商人和粟特商人都曾在古代陆丝贸易中发挥过重要的作用。参见[日]森安孝夫:《兴亡的世界史03(丝绸之路与唐帝国)》,石晓军译,北京:北京日报出版社,2020年,第59、66、87页。

线路不得不避开那些有风险的草原地区。^① 由于古代中国与草原地带的关系长期都比较紧张,较大程度上成就了沙漠绿洲之路在古代陆丝贸易中的主干线角色。^②

农牧文化的相互影响与融合

就文化维度而言,中原王朝与陆地边疆少数民族之间的人文交流,乃至与更远的陆丝沿线地区之间的交流,在当时的重要性都不如上述的安全维度与经贸维度。甚至也可以说,文化维度的相互影响只是中原王朝与边疆少数民族之间安全关系的一个副产品。但从客观效果说,古代中国与这些民族以及陆丝沿线地区的人文交流,的确促进了双方的文化发展和民族融合,影响十分深远。相比之下,古代中国对海丝沿线国家的文化影响要小一些,这或许是由于双方文化的异质性太强以至于很难融合。读者在下一章将会看到有关这一点的分析。

---

① 参见[美]拉铁摩尔:《中国的亚洲内陆边疆》,唐晓峰译,南京:江苏人民出版社,2005 年,第 118～119 页。

② 参见林梅村:《丝绸之路考古十五讲》,北京:北京大学出版社,2006 年,第 4 页。

从汉、唐、宋、明等古代中国王朝的视角来看,汉民族文化是中华文化之正统和代表①,绝非异族外邦的文化可以相提并论。一般认为,汉文化以儒家文化为主导,强调的是儒家的伦理道德和政治秩序以及农耕的生产生活方式。尽管古代中国经历了多次民族文化大融合,但是汉文化在中华文化中的主体与核心地位一直未变。② 在面对游牧民族显著的军事优势时,汉族农耕王朝多数时候仍能秉持儒家"以和为贵"的理念③,对外政策主要旨在求得一个和平融洽的局面④。

即便在汉族王朝拥有更强大的军力时,儒家文化也并不赞赏武力征服周边少数民族的行为。这一姿态体现了汉民族的文化自信,他们深信汉文化对其他少数民族有巨大的吸引力和影响力,并且借由汉文化对周边少数民族的同化,可以实现古代中国疆域的拓展。⑤ 换句

---

① 参见葛兆光:《古代中国文化讲义》,上海:复旦大学出版社,2012年,第195~204页。

② 参见张岱年、程宜山:《中国文化精神》,北京:北京大学出版社,2015年,第101页。

③ 参见陈来:《中华文明的核心价值:国学流变与传统价值观》,北京:生活·读书·新知三联书店,2015年,第56页。

④ 参见钱穆:《中国文化史导论》,北京:商务印书馆,1994年,第94页。

⑤ 参见吕思勉:《吕著中国通史》(下),哈尔滨:哈尔滨出版社,2019年,第32页。

话说,儒家所倡导的是和平的文化征服。疆域的大一统是以文化的统一为基础,即都受中原的"王化"。因此,相较于汉族与少数民族之间的文化差异,两者间的地域及种族差异并没有那么重要。[①] 例如,唐代文学家陈黯曾提出"形华而心夷"与"形夷而心华"之辨,建议唐王朝在处理对外关系时应注重"华其心而不以其地也"。[②]甚至于边疆少数民族在入主中原后,只要他们在治国理政时继续尊崇汉文化和倚赖儒生及士大夫们,则也可以被汉族人接受为统御天下的新天子。这一点可以称之为汉民族的"文化优先"理论。但古代中国的儒生们可能并没有充分认识到,汉文化不为周边少数民族所掌握,对于汉族王朝的安全反倒是有利的。

从周边少数民族的情况来看,他们在拥有相对的军事优势时,之所以在很长的时间内都没有取中原王朝而

[①] 参见陈来:《中华文明的核心价值:国学流变与传统价值观》,北京:生活·读书·新知三联书店,2015 年,第 64、69 页。有观点认为,从文化角度来界定国家疆域和民族归属,这一理念在宋朝较为典型,"中国"意识在这一时期较为凸显。参见[瑞士]谭凯:《肇造区夏:宋代中国与东亚国际秩序的建立》,殷守甫译,北京:社会科学文献出版社,2020 年,第 307 页;葛兆光:《宅兹中国——重建有关"中国"的历史论述》,北京:中华书局,2011 年,第 41~44 页。

[②] 参见[加]王贞平:《多极亚洲中的唐朝》,贾永会译,上海:上海文化出版社,2020 年,第 309 页。

代之,恰恰是因为没有完全掌握汉文化,因而也就不知道要如何治理汉地。① 游牧民族建立起对整个中原地区及边疆地区的统治,要到元朝时期才真正实现,但是这时的统治很难说是传统中国式的。② 而且元朝的国祚不过百年,说明当时的蒙古帝国并没有很好地掌握统治汉地所需的文化和技术。③ 直到清朝,少数民族同时治理中原和边疆地区才算是成功。④ 那时清朝甚至能够超越本民族的狭隘而承认南宋为中原王朝的正统。⑤ 但也不应高估少数民族入主中原后所表现出来的对汉文化的"尊崇",因为这种态度或许更多的是为了治理汉地而采取的一种本地化策略,而并不必然认为汉文化就

---

① 这方面的例子可参见［美］巴菲尔德:《危险的边疆:游牧帝国与中国》,袁剑译,南京:江苏人民出版社,2011 年,第 61 页。

② 参见［日］冈田英弘、神田信夫、松村润:《紫禁城的荣光:明清全史》,王帅译,北京:社会科学文献出版社,2017 年,第 33～35 页。

③ 参见赵鼎新:《东周战争与儒法国家的诞生》,夏江旗译,北京:北京联合出版公司,2020 年,第 193～194 页。

④ 参见赵鼎新:《东周战争与儒法国家的诞生》,夏江旗译,北京:北京联合出版公司,2020 年,第 195 页。

⑤ 与南宋并立的金朝由女真族建立,是满族人的先祖。参见［日］小岛毅:《讲谈社·中国的历史 07·中国思想与宗教的奔流:宋朝》,何晓毅译,桂林:广西师范大学出版社,2014 年,第 352 页。

全方位地优于本民族文化。

必须承认,当少数民族进入中原地区后,汉文化和少数民族文化之间的张力始终存在,最终的结果是要么少数民族被彻底汉化,要么他们退出中原文化圈。[①] 例如,北魏孝文帝曾实行著名的汉化改革,甚至将自己的少数民族姓氏"拓跋"改为汉族的"元"姓,但是"重文轻武"的汉化改革对于军队势力不利,最终导致了北方少数民族士兵的叛乱和北魏的灭亡。[②] 再比如,辽朝在治理汉地时采用"汉制",在统治游牧部落时仍旧采用原先的办法,最终发展出一种汉族和少数民族"二元"的管理体制。[③] 此外,清朝早期的统治者在用汉文化统治中原地区时,也曾一直抗拒汉文化对本民族的"同化",努力保存自身文化的传统与优势,但清朝最终被完全汉化。[④] 事实上,在面临中原王朝的文化影响时,少数民族政权通常秉持的是实用主义,即总是根据具体情况和

---

① 参见赵鼎新:《东周战争与儒法国家的诞生》,夏江旗译,北京:北京联合出版公司,2020年,第195页。

② 参见[日]森鹿三编著:《魏晋南北朝》,陈健成译,成都:四川人民出版社,2020年,第19~20,177~179页。

③ 《危险的边疆:游牧帝国与中国》,袁剑译,南京:江苏人民出版社,2011年,第218~220页。

④ 参见[美]欧立德:《乾隆帝》,青石译,北京:社会科学文献出版社,2014年;赵鼎新:《东周战争与儒法国家的诞生》,夏江旗译,北京:北京联合出版公司,2020年,第195页。

利益需要来决定自身对于汉文化的态度与政策。①

　　平心而论,以汉文化为主体的中华文化,对于周边少数民族乃至更远的陆丝沿线地区的影响,的确是后者难以抗拒的。② 除开上述少数民族政权主动采取汉化政策之外,汉民族对少数民族的文化影响主要有五种渠道:第一个渠道是边疆地区汉族与少数民族的杂居与通婚。③ 尽管这种文化上的影响是相互的,但一般认为汉文化的影响会更大一些。第二个渠道是中原王朝与游牧地区统治者之间的和亲联姻。例如,著名的文成公主入藏,为后世所称扬的重要成就即是将汉文化传至藏地。④ 第三个渠道是朝贡贸易、边境互市以及更远距离的陆丝贸易。与这些贸易相伴随,汉地的生产技术和手工业产品向边疆游牧民族地区乃至更远的陆丝地区传

　　① 参见[加]王贞平:《多极亚洲中的唐朝》,贾永会译,上海:上海文化出版社,2020年,第314～315页。

　　② 参见武斌:《文明的力量:中华文明的世界影响力》,广州:广东人民出版社,2019年。

　　③ 参见陈序经:《匈奴通史》,北京:新世界出版社,2017年,第128页。

　　④ 参见[日]气贺泽保规:《讲谈社·中国的历史06·绚烂的世界帝国》,石晓军译,桂林:广西师范大学出版社,2014年,第354页。

播。① 这其中最知名者莫过于古代中国的丝绸及其生产技术的传播。② 第四个渠道是异民族在中原王朝的人质、官员和留学生,以及为中原王朝服务的异民族文官和军事将领。例如,灭西晋的匈奴单于刘渊,曾在晋朝做人质时接受过正统的汉文化教育,后来他建立前赵政权,其汉化程度非常深。③ 第五个渠道是北方少数民族对中原地区战争所获得的汉人俘虏或投降者,以及被扣留的汉族使者。例如,古代阿拉伯帝国在与唐朝的怛逻斯之战中俘虏的一些汉人,便是古代中国造纸术在中亚地区的传播者。④

　　以古代中国的文化标准来衡量,相较于西北和北部的游牧民族,东北地区的文明程度在北方少数民族中是

　　① 参见[印度]G.D.古拉提:《蒙古帝国中亚征服史》,刘瑾玉译,北京:社会科学文献出版社,2017 年,第 112 页。

　　② 参见张国刚:《胡天汉月映西洋:丝路沧桑三千年》,北京:生活·读书·新知三联书店,2019 年,第 52~55 页;[英]吴芳思:《丝绸之路 2000 年》,赵学工译,上海:上海辞书出版社,2000 年,第 20~21 页。

　　③ 参见陈序经:《匈奴通史》,北京:新世界出版社,2017 年,第 335~342 页;[美]巴菲尔德:《危险的边疆:游牧帝国与中国》,袁剑译,南京:江苏人民出版社,2011 年,第 125 页。

　　④ 参见杨军、高厦:《怛逻斯之战:唐与阿拉伯帝国的交锋》,北京:商务印书馆,2016 年,第 226 页。

最高的。① 例如,汉朝将朝鲜视为礼仪之邦。② 隋唐时期的一些将领便是东北的少数民族,辽朝的开国统治者在事实上发展出了一种二元的统治文化,即在保留契丹文化的同时,也非常注重吸收汉文化。③ 辽朝时甚至建立了汉式的翰林院,辽朝之后的金朝和清朝均重视依靠汉族精英和这种二元统治方式来帮助管理汉族地区。④ 元朝在征服和管理中原地区时虽然主要利用的是其他少数民族精英,但这些精英中比较成功者大多也通晓儒家文化与中原事务。这其中较著名的例子便是辽朝皇

---

① 参见吕思勉:《吕著中国通史》(下),哈尔滨:哈尔滨出版社,2019 年,第 30～31 页。

② 参见王明珂:《华夏边缘:历史记忆与族群认同》,上海:上海人民出版社,2020 年,第 346 页。

③ 参见 Franke, Herbert, Twitchett, Denis, edited, *The Cambridge History of China*, *Volume 6*, *Alien Regimes and Border States*, *907—1368*, Cambridge: Cambridge University Press, 1994, pp.48, 67.

④ 清朝使用汉族官员的情形广为人知。有关辽朝与金朝在这方面的情形,可参见 Franke, Herbert, Twitchett, Denis, edited, *The Cambridge History of China*, *Volume 6*, *Alien Regimes and Border States*, *907—1368*, Cambridge: Cambridge University Press, 1994, pp.38, 41.

室后裔耶律楚材。[①] 成吉思汗和窝阔台时期启用深谙
中国及其边疆事务的耶律楚材,并采纳他有关用儒家文
化治国的诸多主张。[②]

　　尽管古代中国的民族大融合通常更强调汉儒文化
对北方少数民族的浸染,但这并不等于说北方少数民族
对古代中国文化就没什么影响。例如,战国时期的赵武
灵王提倡著名的"胡服骑射",体现了北方少数民族对中
原地区军事文化的影响。唐朝在服饰、音乐、饮食等领
域更是"胡风"大流行的时代[③],唐朝甚至还拥有大量少
数民族的文臣和武将[④]。北方少数民族对古代中国另
一个非常重要的文化影响体现在政治文化领域:元朝的
政治制度对明清时期的专制统治文化有深刻影响。[⑤]

---

　　① 参见[美]杰克·魏泽福:《征服者与众神:成吉思汗如
何为蒙古帝国开创盛世》,黄中宪译,台北:时报文化,2018 年,
第 287～290 页。

　　② 参见[美]拉铁摩尔:《中国的亚洲内陆边疆》,唐晓峰
译,南京:江苏人民出版社,2005 年,第 373 页。

　　③ 参见[日]森安孝夫:《兴亡的世界史 03(丝绸之路与唐
帝国)》,石晓军译,北京:北京日报出版社,2020 年,第 181 页。

　　④ 参见[瑞士]谭凯:《肇造区夏:宋代中国与东亚国际秩
序的建立》,殷守甫译,北京:社会科学文献出版社,2020 年,第
173～174 页。

　　⑤ 参见[加]卜正民:《挣扎的帝国:元与明》,潘玮琳译,北
京:中信出版社,2016 年,第 77～78 页。

在元朝以前,古代中国的皇权通常奉行嫡长子继承制,这有别于以蒙古族为代表的游牧民族的横向继承制。汉朝直至宋朝,皇帝的权力也并非如少数民族首领那样不受限制。受元朝影响,明清两朝皇帝的权力被扩大,"天下"成为皇帝的"私产"而可被随意处分,皇帝在选择继承人方面拥有更大的自由度,可以混合使用汉族原有的嫡长子继承制与游牧民族的横向继承制,让不同的皇子去竞争继承人的位置。宋朝时期皇帝"与士大夫共天下"的局面在古代中国从此一去不返。这或许可以为"崖山之后无中国"提供另一种文化上的解释。

在距离更远的陆丝沿线地区,异民族宗教对古代中国的文化影响不容小觑。陆丝在佛教传入中国时扮演了重要角色①,特别是唐玄奘前往西天(古印度)取经的故事,在中国称得上是妇孺皆知。但相对不那么为人所知的是,唐玄奘回国后翻译了大量重要的佛教经典(如流行至今的《大般若经》《心经》等),极大地推动了佛教文化在中国的传播。东晋时期,西域龟兹国(今新疆库车)的鸠摩罗什也是对中国佛教有着重大影响的著名译经师。他主持翻译了《金刚经》《妙法莲华经》《阿弥陀经》《维摩诘经》等重要佛教经典。唐朝的怛逻斯之战

---

① 参见[法]勒内·格鲁塞:《草原帝国》,赵晓鹏译,北京:中国致公出版社,2019年,第50~52页;赵声良:《飞天艺术:从印度到中国》,南京:江苏美术出版社,2016年。

后,宋元明清时期中亚的伊斯兰教在新疆地区的传播和影响逐渐扩大,甚至由此影响到部分中原地区。[1] 随着古代陆丝贸易和人文交流的发展,中华文化的国际范与包容性不断增强。例如,唐朝时,印度和中东的文化艺术传入古代中国,并给西北地区的艺术带来深刻影响。[2]

有关古代中国与北方少数民族及陆丝沿线地区之间的文化融合,姑且不论谁对谁的影响要更大一些,但有一点毋庸置疑,即汉儒文化更能够兼收并蓄异民族文化。为什么会出现这种局面? 答案就在上一章所论及的古代中国儒家思想"内方外圆"的弹性结构。这种特殊的结构为古代中国接受外来文化的影响提供了韧性与空间,而其他异民族文化的思想意识形态通常没有这种灵活度。

从长城内外到秦淮南北

在古代中国外交体系的差序格局中,地理维度的重

---

[1] 参见杨军、高厦:《怛逻斯之战:唐与阿拉伯帝国的交锋》,北京:商务印书馆,2016 年,第 230～236 页。

[2] 参见[日]森安孝夫:《兴亡的世界史 03(丝绸之路与唐帝国)》,石晓军译,北京:北京日报出版社,2020 年,第 185 页。

要性虽说不如前述三个维度,但也不能忽视。地理因素对古代中国发展对外关系构成现实制约,同时也会对差序格局中的安全维度、文化维度和经贸维度产生一定影响。

从地理来看,明长城附近通常被视为中原地区与北方少数民族地区重要的分界线。北宋与辽朝①、明朝与北元及后金的对峙②,大体上是这一分界线的例证。这一分界线的东段是古代东北和华北地区的分野,双方的地理环境有着明显差异。③　明长城以北总体上可被归为"游畜牧经济带"。④　从历史来看,西北和北部的游牧民族在隋唐之前是中原王朝主要的安全威胁,此后来自东北地区少数民族的威胁逐渐加大,并最终建立了对古代中国的有效统治。

东北的少数民族之所以能够实现这一历史性的突破,与东北多元的地理优势有一定关系:东北不仅与中原地区接壤,也拥江靠海。这里的少数民族既有平原可

---

①　参见葛剑雄:《统一与分裂:中国历史的启示》,北京:商务印书馆,2013 年,第 50 页。

②　参见葛剑雄:《统一与分裂:中国历史的启示》,北京:商务印书馆,2013 年,第 58 页。

③　参见周振鹤:《中国历史政治地理十六讲》,北京:中华书局,2013 年,第 77 页。

④　参见鲁西奇:《中国历史的空间结构》,桂林:广西师范大学出版社,2014 年,第 110 页。

供农业耕种,又有湖泊、草原、山林和海洋地区可供发展其他形式的经济。这使得东北地区的少数民族一方面能够发展农耕文化与技术,另一方面也可培养草原地区所独有的军事优势,甚至还有条件练习海战。此外,和中原相比,东北地区冬天的气候十分恶劣,这里的少数民族耐寒和抗冻的能力比较强。

在北方少数民族与中原地区之间的征战对峙中,秦岭—淮河是另一条重要的地理分界线,这也常被视为是古代乃至今天中国南北的分界线。以南主要的农作物为水田稻米与甘蔗,以北则为旱地小麦与甜菜。从经济地理的角度来看,南方属于"稻作农业经济带",北方是"旱作农业经济带"。[①] 相较而言,南方雨量丰沛,长江流域的水系发达,船运因此兴盛;北方相对干旱且水路有限,骡马在运输中的作用更大。[②] 如前所述,元朝之前的北方少数民族,虽然能够突破长城这一重要的南北分界线,但是却一直无法突破秦岭淮河一线,双方总是在黄河与淮河之间形成拉锯之势,例如,南北朝时期以

---

① 参见鲁西奇:《中国历史的空间结构》,桂林:广西师范大学出版社,2014年,第110页。

② 参见周振鹤:《中国历史政治地理十六讲》,北京:中华书局,2013年,第77页。

及南宋与金朝的对峙,基本都属于这种情形。[①] 不得不说,南北分立的情形与南北方迥异的地形与气候条件有不小的关联。[②]

在上述的第一条地理分界线上,中原地区和北方少数民族在日常食物的获取上有着显著差异。前者主要依靠农业生产,由此得到的粮食容易贮存,因而可以养活更多的人口以及更好地抵抗自然灾害导致的歉收;后者主要依靠放牧和狩猎,由此得到的牛羊肉和奶制品等相对比较有限,而且和粮食相比不太容易储存,所以不太容易养活较大规模的人口,也难以应付自然灾害或牲畜疾病导致的减产。从生产生活方式来看,中原地区属于定居式的,而北方少数民族大多是游牧式的。但是后者驯养的马匹是重要的军事物资,游牧的生产生活方式相对于中原地区的农业定居方式拥有更强的机动性,因而在双方的战争中具有明显的比较优势。从管治技术的地理差异来说,中原地区由于管理稠密人口、分配剩

---

① 参见吕思勉:《中国通史(彩图珍藏版)》,北京:中华书局,2015 年,第 154、238 页;葛剑雄:《统一与分裂:中国历史的启示》,北京:商务印书馆,2013 年,第 43 页;[日]上田信:《讲谈社·中国的历史 09·海与帝国:明清时代》,高莹莹译,桂林:广西师范大学出版社,2014 年,第 40 页。

② 参见饶胜文:《布局天下:中国古代军事地理大势》,北京:解放军出版社,2001 年,第 284 页。

余粮食以及水利灌溉的需要,更容易形成较为严密的等级制度,游牧地区的统治则更松散一些。①

在上述中原地区的南北分界线上,仍有重要的地理效应需要关注。由于历史上的北方战乱,大量中原地区的汉民多次迁移至秦岭淮河以南的地区,促进了南方农业技术的发展和人口的增加。再加上南方相较北方拥有更为优越的农业生产和运输条件,因此南方的人口和经济在隋唐时期开始赶超北方,古代中国的经济重心于是开始了从北到南的转移。② 北宋中后期,黄河流域的洪灾和黄河改道使得华北平原的环境不断恶化,经济重心进一步向南转移。③ 南宋时期,南方经济得到了较大的发展。元明清三朝经历了"小冰期",古代中国这一时

---

① 有关这方面的理论分析可参见[美]贾雷德·戴蒙德:《枪炮、病菌与钢铁:人类社会的命运》,谢延光译,上海:上海译文出版社,2006 年,第 71～72 页;[苏]柯金:《中国古代社会》(上),岑纪译,太原:山西人民出版社,2015 年,第 78～82 页。

② 参见冀朝鼎:《中国历史上的基本经济区》,北京:商务印书馆,2014 年,第 132～134 页;周振鹤:《中国历史政治地理十六讲》,北京:中华书局,2013 年,第 188～197 页。

③ 参见[美]马立博:《中国环境史:从史前到现代》,关永强、高丽洁译,北京:中国人民大学出版社,2015 年,第 198～199 页。

期的气候变得寒冷干燥①,一定程度上有利于稳定南北经济差距。

在卫生条件和技术有限的情况下,密集的人口更容易导致疾病的传播②,南北方暴发瘟疫的频次变化也可以部分印证古代中国经济重心南移的过程。从西汉到唐朝,河南地区暴发瘟疫的次数是最多的(计14次)。从宋朝到清朝,浙江地区的瘟疫则是最多的(计49次)。③ 综合对上述两条地理分界线的讨论,唐朝以后的古代中国实际上形成了一种特殊的政治经济地理格局:中原王朝在安全上更重视北方,但是在经济上却更依赖于南方。

和北方的草原地区相比,古代中国在经济价值上更重视西北的绿洲地区和东北的平原地区,因为这两个地

---

① 参见[美]马立博:《中国环境史:从史前到现代》,关永强、高丽洁译,北京:中国人民大学出版社,2015年,第223～224页;[加]卜正民:《挣扎的帝国:元与明》,潘玮琳译,北京:中信出版社,2016年,第49～55页;王建革:《江南环境史研究》,北京:科学出版社,2016年,第168～169页。

② 参见[美]贾雷德·戴蒙德:《枪炮、病菌与钢铁:人类社会的命运》,谢延光译,上海:上海译文出版社,2006年,第201～204页。

③ 这些数字的统计基于[美]威廉·麦克尼尔:《瘟疫与人》,余新忠、毕会成译,北京:中信出版社,2018年。该书的附录部分根据中国古籍的记载整理了"中国的疫情年表"。

区能够提供可耕种的农业土地。① 尽管古代中国与北
方少数民族之间存在着边疆地区的互市贸易和陆丝贸
易线路(西南地区还有著名的茶马古道),但是中原王朝
对这些贸易的重视程度非常有限,最主要的原因是古代
中国的农业经济形态是高度自给自足的。通常来说,汉
人所建立的王朝非常重视中原与北方少数民族接壤的
边疆地区,这种重视主要还是基于安全方面的考虑,这
其中既包括抵御外族的侵略(有时中原王朝也会采用进
攻性的防御政策),也包括利用外族平定内部叛乱或是
争夺天下。当然,北方少数民族在入主中原后,的确对
北方少数民族地区(包括其故地)的重视程度有所提高。
这一方面是基于寻求可靠的政治和安全联盟的需要,另
一方面则可归结为对其原有民族文化的认同。②

---

① 有研究将这两个地区归为"游畜牧—农耕经济交错
带"。参见鲁西奇:《中国历史的空间结构》,桂林:广西师范大学
出版社,2014年,第112、124页后的两张地图。

② 清朝在这方面的情形被研究的比较多,可参见[美]欧
立德:《乾隆帝》,青石译,北京:社会科学文献出版社,2014年;
[美]谢健:《帝国之裘》,关康译,北京:北京大学出版社,2019
年。这一类观点常被归为"新清史"。围绕这一流派及其观点的
争论很多,其中一个核心的问题是"汉化"到底是清朝统治中国
的助因抑或败因。笔者不同意"新清史"对传统"汉化说"的否
定。有关对"新清史"较为系统的批评,参见汪荣祖编:《清帝国
性质的再商榷》,台北:远流出版事业股份有限公司,2014年。

小结：农耕文化与游牧文化的竞争

　　总的来看，古代中国农耕王朝对于北方地区乃至陆丝沿线的重视，主要基于安全方面的考虑。官方主导着陆地边疆内外的交往，民间的经贸往来和文化上的相互影响只是一种附属品。正是在此意义上，安全才是陆地边疆"重"的方面，经贸和文化是"轻"的方面。

　　事实上，汉朝直至宋元时期的古代中国，大陆史占据着主体地位，其本质就是游牧文化与农耕文化之间的竞争。从军事上来看，甚至直到清朝，游牧文化相对于农耕文化都占有显著优势，具有更强的流动性。

　　但在经贸和文化维度上，农耕文化的竞争优势体现得更为明显，可以说是完胜游牧文化。但是相较于下一章所要分析的古代中国与东南亚的关系，中原地区对北方少数边疆地区的文化影响要更深一些。这或许是因为，草原地区和农业地区性质的差异，没有陆地和海洋之间的差异那么大。

　　正如本章所指出的，地理特征上比较多元的东北地区，既拥有明显的军事优势，又在文化和制度方面与中原地区更容易接近，这使得东北地区在隋唐之后日益受到中原王朝的重视,并且源自东北的满洲人最终在清朝时彻底建立起对古代中国的有效统治。

下一章要讨论的越南地区,在地理上也拥有东北地区类似的地理优势,拥有山林、河流、海洋和可耕种的土地等。尽管没有像东北地区那么"成功",但越南确实是古代中国经营东南亚的重点,越南不仅成功抵御过古代中国的进攻,还曾攻打过古代中国的南方地区。事实上,中越之间的陆地边界在古代很长的时间内都没有太多的改变,这在很大程度上影响了古代中国向海上的拓展。

从全球史的角度来看,明清时期世界潮流的发展乃是海洋文明的兴起与陆地文明的衰落,双方竞争的实质仍是流动性的较量。这种流动性不仅与军事优势有关,而且涉及经贸、文化和地理等多个方面。在这股与海洋文明竞争的大潮流中,古代中国由于对海洋的理解和重视不够,注定了失败的结局。下一章将分析,中原王朝为什么长期都不太重视海洋地区。

第四章　海上拓展的虚与实[*]

唐越开基两太宗，彼称贞观我元丰。

建成诛死安生在，庙号虽同德不同。

——安南陈朝·陈裕宗[①]

---

[*]　本章的部分内容可见于盛思鑫：《中国为什么传统上不重视东南亚》，《厦门大学学报（哲学社会科学版）》2019 年第 5 期。

[①]　参见［越南］孙士觉：《越南古汉诗选辑》，《中国诗歌研究动态》2005 年第 1 期，第 231 页。此诗是越南古汉诗的代表作之一，成诗的时间大约是元末明初。诗的作者是安南陈朝的皇帝陈裕宗陈皓，他在诗中没有称颂本朝开国太宗陈日煚的武功，而是赞扬陈太宗的德行：在与其兄长安生王陈柳争夺皇位的过程中，陈太宗并没有像唐太宗那样诛杀自己的兄长李建成。诗的立意高度符合古代中国以仁德治国和重文轻武的儒家传统。有关陈太宗的武功，史书记载他曾在安南大败元朝军队的入侵，并杀死元朝著名军事将领唆都。参见 Franke, Herbert, Twitchett, Denis, edited, *The Cambridge History of China*, *Volume 6*, *Alien Regimes and Border States*, *907—1368*, Cambridge：Cambridge University Press，1994，p.485.

"一带一路"倡议中的"一路",指的是 21 世纪海上丝绸之路,与古代史中的"海上丝绸之路"("海丝")相对应。但是,前者包括的地域范围比古代要更为宽广。从古代中国的角度来看,海丝的重点区域是日本及其往南直至东南亚一带。由于日本并不属于"一路",本章的讨论将偏重于古代中国与东南亚(在古代常被称作"南海"①)的关系。与中原王朝历来重视北方地区形成鲜明对比,古代中国长期都不太重视包括东南亚在内的海洋地区,尽管宋元时期和明朝初年曾有较大规模的海上拓展。

对于古代中国而言,海丝在安全上的重要性远不及陆丝,受儒家文化的影响也非常有限,在地理上也长期远离政治与文化中心。海丝相较于陆丝的比较优势主要在经贸领域,中原王朝及其百姓能够从海丝中获取巨大的经贸收益,特别是在海丝十分繁盛的宋元时期。但是由于有着非常悠久的重农轻商传统,中原王朝极少因

---

① 今天的东南亚一带在唐宋以前被通称为"南海"。元明时期有"东洋"(包括现在的日本、文莱、菲律宾等地)和西洋(包括当今的印尼、马来西亚和越南等地)之分。清代开始有了"南洋"的叫法。第二次世界大战之后,东南亚的称谓来自英文 Southeast Asia 的翻译。有关东南亚地区历史称谓的考证研究,可参见邱炫煜:《中国海洋发展史上"东南亚"名词溯源的研究》,载吴剑雄主编:《中国海洋发展史论文集》第四辑,台北:"中央研究院"中山人文社会科学研究所,1991 年,第 311~329 页。

为商贸利益而提升对海丝的重视程度。

综合来看,古代中国从来就是更重视陆地,而相对不那么重视海洋。根据第二章所言之外交差序格局理论,本章将继续从安全、文化、经贸和地理四个维度入手,重点分析古代中国与东南亚的关系。尽管出于讨论的方便,本章主要涉及东南亚地区,但对于古代中国与南亚及东北亚海上国家的关系,本章的研究框架和结论仍是基本适用的。

东南亚不是主要的安全威胁

从外交体系差序格局的安全维度来看,古代中国不太重视东南亚的一个重要原因是:和中国的其他边疆地区相比,东南亚地区长期没有形成可与中国匹敌的强大政权,加上东南亚又有较强的逃避中央集权的传统①,因此来自东南亚的安全威胁一直较小。这使得古代中国在地缘安全上不可能将东南亚放在一个比较重要的位置。

---

① 参见[美]詹姆士·斯科特:《逃避统治的艺术:东南亚高地的无政府主义历史》,王晓毅译,北京:生活·读书·新知三联书店,2016年。

　　根据上一章的分析,古代中国的安全威胁主要来自北方(例如汉朝时的匈奴)、西北方(如隋唐时的突厥)和东北方(如宋朝的契丹)的异民族政权(参见表 3.1),来自东南亚地区的安全威胁很少。从古代中国边疆战争的频次来看,东南亚也要远远低于北方边疆地区。因此,东南亚向来就不是中原王朝的防御重点。这也可从古代中国统一王朝的定都策略中看得很清楚:除了明朝开国初年曾经短暂地被迫定都南京,古代中国统一南北的政权无一不是定都在华北的黄河流域。[①] 这要么是汉族政权考虑到更加方便地抵御北部边疆的威胁,要么就是异民族政权试图拥有背靠其"龙兴之地"的战略安全空间。

　　从历史来看,古代中国与东南亚之间的军事冲突以元朝为界可分为两个大的阶段:元朝以前的古代中国与东南亚之间的军事冲突主要围绕今越南地区;元朝及以后与东南亚的战争范围有所扩大,但也主要限于与中国陆地接壤的地区,并且越南仍旧是重要的交战方。(参见表 4.1)

---

　　① 参见[日]檀上宽:《永乐帝》,王晓峰译,北京:社会科学文献出版社,2015 年,第 67~68 页。

表 4.1　秦朝至清朝中期中国与东南亚的战争一览表

朝代 （时间）	东南亚与中国的 主要交战方	中国与东南亚 战争的动因
秦朝 （前 221—前 207）	百越诸蛮（今越南）	开疆拓土
西汉 （前 202—8）	南越（今越南）	安全防御和开疆拓土
东汉 （25—220）	南越	平定内部叛乱
西晋 （266—316）		
东晋 （317—420）		
南北朝 （420—589）		
隋 （581—618）	南越	平定内部叛乱
唐 （618—907）	安南（今越南北部）	平定武装叛乱
五代 （907—960）		
北宋 （960—1127）	安南	抵抗入侵
南宋 （1127—1279）		

续表

朝代 （时间）	东南亚与中国的 主要交战方	中国与东南亚 战争的动因
元 （1271—1368）	蒲甘（今缅甸）、安南、占城（今越南南部）、爪哇（今印尼）、兰纳（今泰国）	建立或恢复朝贡关系；巩固边疆
明 （1368—1644）	安南、麓川和阿瓦（今缅甸）	恢复朝贡秩序和巩固边疆
清朝前中期 （1644—1840）	缅甸、安南	恢复朝贡秩序；巩固边疆

资料来源：作者整理，主要依据台湾三军大学编著：《中国历代战争史》（第1～18册），北京：中信出版社，2012年；[新西兰]尼古拉斯·塔林编：《剑桥东南亚史》（第一卷），贺圣达等译，昆明：云南人民出版社，2003；Twitchett, Denis, Fairbank, John K., edited, *The Cambridge History of China*, Volume 1, 3, 5, 6, 7, 8, 9, 10, Cambridge：Cambridge University Press, 出版年份各异。

具体来说，秦朝及西汉所爆发的与越南的战争主要是力图将越南地区纳入中国版图：秦朝在越南地区设置象郡；汉武帝在越南地区置交趾、九真、日南三郡。[①] 东

---

① 参见台湾三军大学编著：《中国历代战争史》（第2册），北京：中信出版社，2012年，第204页。关于两汉时期对于交趾地区的郡县统治，请参见陈国保：《汉代交趾地区的内地移民考》，《广西民族大学学报》2007年第4期。秦朝的象郡也被认为包括今天的越南北部地区，但此说在学界有不少争议。

汉时期和隋唐两朝与越南的战争均属于中国内部平叛性质,并不同于传统的边疆战争。五代十国时期越南地区(时称安南)才真正独立并与中国保持外臣藩属关系。北宋神宗时,安南入侵今天的广西地区,尽管北宋最终取得了胜利,但也付出了巨大代价,一半以上的军士因不适应热带气候而死于高温和疟疾。① 北宋之后,越南逐渐稳固了自身相对于中国的独立地位,而且在军事防御方面建立起优势。南宋与东南亚各地区基本相安无事,并且保持着友好往来。

元朝忽必烈时为了迫使东南亚的一些王国朝贡而发起对今缅甸、越南和印尼地区的三次远征,但是蒙古军队遭遇顽强抵抗,军事行动很难谈得上成功。② 元成宗时期逐渐放弃武力征伐手段,转而在东南亚采用建立朝贡体系的办法。③ 明清两朝也曾与今越南和缅甸地

---

① 参见 Twitchett, Denis, Smith, Paul J., edited, *The Cambridge History of China*, Volume 5, Part One: *The Sung Dynasty and Its Precursors*, 907—1279, Cambridge: Cambridge University Press, 2009, p.468.

② 参见 Twitchett, Denis, Smith, Paul J., edited, *The Cambridge History of China*, Volume 6, *Alien Regimes and Border States*, 907—1368, Cambridge: Cambridge University Press, 1994, pp.485-487.

③ 参见梁志明、李谋、杨保筠主编:《东南亚古代史:上古至 16 世纪初》,北京:北京大学出版社,2013 年,第 539 页。

区发生过战争,但主要的原因都与中国在东南亚地区的朝贡秩序和边疆地区统治的稳定有关,一定程度上也牵涉到中华天子的颜面与自尊。例如,清朝1789年的征安南之战①,起因可归结为传统的朝贡秩序遭到破坏,清政府试图通过战争来维护天朝在东南亚地区的尊严并履行对传统朝贡国的安全同盟义务。这与北部、西北部或东部异民族政权威胁或攻击古代中国而引发的战争有本质区别。就此而言,古代中国的朝贡体系旨在维护区域秩序,而并非意在干涉或吞并东南亚各国。②

尽管古代中国一直以来都非常重视陆地边疆的军事与防务,但是南宋和元朝及至明初的海上力量发展比较迅猛。③ 南宋的海上拓展与当时北方游牧民族对中原地区的空间挤压有很大关系,南宋迁都杭州也恰好顺应唐朝末年直至北宋中国经济中心南移的大趋势。在北宋末年,东南沿海省份即已贡献了超过八成的中央财

---

① 对此一战争更具体的背景分析可参见张宝林:《中越关系中的干涉与朝贡,1788—1790》,载[美]费正清编:《中国的世界秩序:传统中国的对外关系》,北京:中国社会科学出版社,2010年,第154～168页。

② 参见[美]康灿雄:《西方之前的东亚》,陈昌煦译,北京:社会科学文献出版社,2016年,第44页。

③ 参见 Lo, Jung-Pang, "The Emergence of China as a Sea Power During the Late Sung and Early Yuan Periods", *The Far Eastern Quarterly*, 1955(4).

政收入。① 和元朝以军事征服及获取战利品为主要目标的海上拓展有所不同②,南宋既重视海上防御(例如来自金朝的海上威胁③),同时也注重通过海上贸易获

---

① 参见 Lo, Jung-pan, *China as a Sea Power 1127—1368: A Preliminary Survey of the Maritime Expansion and Naval Exploits of the Chinese People During the Southern Song and Yuan Periods*, Hong Kong: NUS Press & Hong Kong University Press, 2012, p.64.

② 参见 Franke, Herbert, Twitchett, Denis, edited, *The Cambridge History of China*, Volume 6, *Alien Regimes and Border States*, *907—1368*, Cambridge: Cambridge University Press, 1994, p.429;[德]迪特·库恩:《儒家统治的时代:宋的转型》,李文锋译,载[加]卜正民编:《哈佛中国史》(第4卷),北京:中信出版社,2016年,第85页。日本学者杉山正明认为元朝自忽必烈后开始重视经济,在对外拓展中展现重商主义色彩。这一解读夸大了穆斯林及畏兀儿两股商业势力对元朝政治的影响。事实上,蒙古族作为游牧民族的本质一直没有发生根本性改变,他们对于获得战利品的兴趣要远远超过建立汉族式的统治,他们与商业势力间的合作也只是希望从军事征服中获得更多的经济利益而已。参见[日]杉山正明:《蒙古帝国的兴亡(下):世界经营的时代》,孙越译,北京:社会科学文献出版社,2015年,第116,155~156页。

③ 参见 Lo, Jung-pang, *China as a Sea Power 1127—1368: A Preliminary Survey of the Maritime Expansion and Naval Exploits of the Chinese People During the Southern Song and Yuan Periods*, Hong Kong: NUS Press & Hong Kong University Press, 2012, p.135.

得经济利益以巩固陆地方向的军事防御。[1] 这种海陆统筹兼顾的模式,在古代中国是唯一的特例。[2] 正如下一节将会讨论的,明朝初年的海上拓展更多的是文化意义上的"征服",并不看重海洋贸易所带来的经济利益,尽管郑和下西洋客观上也给明朝带来收益。[3]

　　总体来看,越南地区是中国古代长期以来经略东南亚的重中之重。从公元前 214 年秦朝南征百越开始,直至清朝 1885 年中法战争后越南不再是中国的藩属国,其间越南总计有 1187 年在中国的郡县治下,另计有992 年是中国的藩属国。[4] 历史证明,相比将越南地区纳入中国版图,与其维持较疏远的藩属关系是更为适宜

---

① 参见易中天:《风流南宋》,杭州:浙江文艺出版社,2018年,第 73 页。

② 有观点认为,明朝永乐帝迁都北京与派郑和下西洋,采取的是"以海屏陆"的战略。参见万明:《中国融入世界的步履:明与清前期海外政策比较研究》,北京:故宫出版社,2014 年,第142~143 页。此说倾向于支持明初一定程度上也做到了"陆海统筹"。但本书认为,永乐帝在安全领域关注的主要还是陆地边疆,对海洋的关注更多的是文化意义上的,即便有一些实际的经济利益,但也很难说是永乐帝有意经营海洋以支持陆地边疆的防御和开拓。

③ 参见万明:《中国融入世界的步履:明与清前期海外政策比较研究》,北京:故宫出版社,2014 年,第 152 页。

④ 参见台湾三军大学编著:《中国历代战争史》(第 17册),北京:中信出版社,2012 年,第 44 页。

的选择。[1] 值得注意的是,自五代时起,中越两国的陆地边界就再也没有太大的改变,这在亚洲历史上绝无仅有。[2]

从陆地进入东南亚地区,在很长时间内是古代中国人为躲避战争或压迫而向南逃亡的一条重要线路,东南亚北部地区的多山地形也为南逃者躲避东南亚当地人和本地政权提供了便利。[3] 事实上,为避免惹怒实力相对较强的古代中国,东南亚的本地政权也极少为这些南逃的中国人提供政治和安全方面的庇护,一个极端的例子是,明朝永历帝曾被清兵追杀逃往西南交界的缅甸,但缅甸最终迫于压力而不得不将他交给清政府处置。[4]

---

[1]　参见[美]费正清:《中国的世界秩序:传统中国的对外关系》,北京:中国社会科学出版社,2010 年,第 12 页。

[2]　参见[澳]王赓武:《南方境外:强进与退让——对中国与东南亚间国际关系的文化史思考》,《北京大学研究生学志》2014 年秋季刊。也有研究认为中越今天的边界形成于北宋时期,参见[新西兰]尼古拉斯·塔林编:《剑桥东南亚史》(第二卷),王士录等译,昆明:云南人民出版社,2003 年,第 121 页。

[3]　参见[美]詹姆士·斯科特:《逃避统治的艺术:东南亚高地的无政府主义历史》,王晓毅译,北京:生活·读书·新知三联书店,2016 年,第 173~176 页。

[4]　参见 Mote, Frederick W., Twitchett, Denis, edited, *The Cambridge History of China*, *Volume 7*, *The Ming Dynasty*, *1368—1644*, Part Ⅰ, Cambridge: Cambridge University Press, 1998, pp.706-707.

简而言之,强盛时期的古代中国是帮助东南亚各国维护本国秩序的重要域外力量,同时对东南亚各政权间的和平共处发挥着平衡作用。[①] 显而易见,东南亚对古代中国的安全需要,远远超过它对中国所能形成的安全威胁。即便是在古代中国衰落时,东南亚的政权也较少卷入中国内部的纷争,对中国的安全威胁也多数局限于中南半岛北部的陆地政权,但也几乎从未形成全国性的安全威胁,东南亚海岛区域的政权则更少与古代中国发生冲突。这一方面是东南亚诸政权作为小国或弱国的生存之道,另一方面也与东南亚距离古代中国的政治中心长期较远有关。综合考虑,古代中国在经略周边时的确没有充足的理由在安全领域重视东南亚地区。

[①] 例如,明太祖朱元璋便总结肯定了汉、唐、宋三代的对外政策,谕令其继任者禁止攻打海外国家。参见[澳]王赓武:《明代对外关系:东南亚》,载[澳]王赓武:《中国与海外华人》,台北:商务印书馆,1994年,第60页。此外,明朝永乐帝时也曾在吴哥(古柬埔寨)和占城王国之间进行战争调停,可参见梁志明、李谋、杨保筠主编:《东南亚古代史:上古至16世纪初》,北京:北京大学出版社,2013年,第303～304页。有关明朝对满剌加和浡泥国的保护,可参见[澳]王赓武:《明初中国与东南亚的关系:背景分析》,载[美]费正清编:《中国的世界秩序:传统中国的对外关系》,杜继东译,北京:中国社会科学出版社,2010年,第52页。

儒家文化对东南亚的影响有限

古代中国农耕社会的自给自足色彩较浓,古代的东南亚地区在经济上也有较强的独立性,加之双方距离较远以及沿途安全形势复杂,因此古代中国与东南亚之间的贸易需求和贸易规模在很长一段时间都非常有限。[①]更何况儒家文化本来就"重农轻商""不务外求",相对更重视"引进来",而不那么重视"走出去"。尽管儒家文化向来有"同化"异民族的强大力量,但是这主要限于陆地边疆地区,并且需要长时间地将这些地区纳入古代中国的军事和政治势力范围内。[②] 除越南外,古代中国的儒家文化不容易对古代的东南亚地区施加影响,印度文化和伊斯兰文化于是"乘虚而入"。

具体而言,在东南亚范围内,由于越南在相当长的时间内本身即属于中国,这个国家对古代中国儒家文化

---

① 参见[澳]王赓武:《南海贸易与南洋华人》,姚楠编译,香港:中华书局,1988年,第168~169页。

② 参见[澳]王赓武:《南海贸易与南洋华人》,姚楠编译,香港:中华书局,1988年,第172页。

的浸染和承袭要远超其他国家。① 以此来看,越南是古代中国外交体系中最受重视的东南亚国家。但是,越南在古代中国外交体系中的地位总体上不如朝鲜。中南半岛的一些政权(当今的泰国、缅甸、柬埔寨和老挝地区)受印度文化的影响较儒家文化更深②,在中国藩属体系中的排位要低于越南③。东南亚的海岛地区政权(当今的马来西亚、印尼、菲律宾和文莱地区)在古代中国藩属体系中的地位则更低。伴随海上贸易而来的伊斯兰文化④,自 13 世纪以后对这些地区的影响要更显著,尽管郑和下西洋以及其后的中国移民使得古代中国文化也有一定影响⑤。

---

① 参见[美]康灿雄:《西方之前的东亚》,陈昌煦译,北京:社会科学文献出版社,2016 年,第 62 页。

② 参见[澳]王赓武:《南海贸易与南洋华人》,姚楠编译,香港:中华书局,1988 年,第 170~172 页;贺圣达:《东南亚文化发展史》,昆明:云南人民出版社,2010 年,第 169~237。

③ 参见[美]康灿雄:《西方之前的东亚》,陈昌煦译,北京:社会科学文献出版社,2016 年,第 75 页。

④ 有关印度文化与伊斯兰文化在征服半岛地区和海岛地区的差异,参见黄云静:《伊斯兰教在东南亚早期传播的若干问题》,《中山大学学报(社会科学版)》2000 年第 1 期。

⑤ 参见贺圣达:《东南亚文化发展史》,昆明:云南人民出版社,2010 年,第 238 页;[日]石泽良昭:《兴亡的世界史 06(东南亚:多文明世界的发现)》,瞿亮译,北京:北京日报出版社,2019 年,第 41 页。

　　就海上交往来说,在中国古代的外交关系体系中,文化维度和经贸维度是紧密联系在一起的。从古代中国的角度来看,文化因素特别是东南亚国家在政治文化方面对中华传统的认同与尊崇,要比经贸联系的紧密程度显得更为重要。在强盛时期,古代中国更多地依据文化维度对周边国家进行外交优先级排序,与外国的经贸关系则是此一排序的附属性安排,皇帝们并不十分在意这种经贸关系给自己带来的经济收益或经济压力。简言之,文化上的亲缘性在很大程度上影响着周边国家能否与古代中国建立藩属外交关系,以及在这一藩属体系中的地位,进而也会影响到双方的经贸关系。从中原王朝的角度来看,这种文化亲缘性的核心是异民族对中华文化的钦慕,以及建立在此基础上的对古代中国的心悦诚服。

　　但是,古代中国并没有主动对外输出自己政治文化与价值观的传统,也从未向西方那样有过"文明征服"的进程①,它所持续追求的是中华文化对异域国家的潜移默化②,通过柔远徕外和厚往薄来,希望达致外夷慕化

---

　　①　参见[美]康灿雄:《西方之前的东亚》,陈昌煦译,北京:社会科学文献出版社,2016年,第34、42页。
　　②　参见[美]亨利·基辛格:《世界秩序》,胡利平、林华、曹爱菊译,北京:中信出版社,2015年,第280页。

与万国来朝的效果,总体上呈现一种"被动"的文化姿态①。由此对周边国家所产生的文化影响力,不仅象征着古代中国最高统治者的政德与天命正统,而且在维护国家安全方面也有实际的功用,特别是当周边国家的国王接受古代中国皇帝的"敕封"时,这些国家便被纳入古代中国的藩属体系。作为藩属国,一项重要的义务是向中国的皇帝进贡,所谓"四夷慕化,贡其方贿"②,但同时藩属国借此也可获得一项重要权利,即与中国开展朝贡或非官方的贸易。

从历史传统来看,古代中国有很强的文化自信与优越感,蛮夷狄戎的文化被视为是较低等的,除非他们向中原地区学习和模仿并成为这个文化群体中的一分子。③ 在古代中国较为强盛的时期,周边地区获得中原政权的重视,一个非常重要的手段便是修习和践行儒家文化。由于礼仪是和文化密切联系在一起,从礼仪的等级也可部分看出古代中国藩属外交体系中各周边地区

---

① 参见[澳]王赓武:《南海贸易与南洋华人》,姚楠编译,香港:中华书局,1988年,第170页。

② 参见李学勤主编:《十三经注疏·尚书正义》,北京:北京大学出版社,1999年,第326页。

③ 参见[美]杜赞奇《从民族国家拯救历史:民族主义话语与中国现代史研究》,王宪明译,北京:社会科学文献出版社,2003年,第46~48页。

受重视的程度。①

　　秦汉之后的强盛朝代对待蛮夷狄戎的礼仪,一定程度上承继了周朝的分封制度,重视敕封、朝觐、进贡和赏赐等礼仪②正是分封制度③和藩属外交的重要共同特征。此外,和亲是促进文化交流以及改善或加强双边关系的重要手段,古代中国曾与北面、西面的异民族政权和亲,而这一重要的外交政策手段鲜见用于东南亚地区,侧面也反映了东南亚总体上不受重视。

　　在古代中国周边,朝鲜历来对中国的历史和经典掌握得比较好④,对中国文化也较为认同和仰慕,在宋朝

---

　　① 有关清朝对待非汉族群的礼仪差等,可参见张永江:《礼仪与政治:清朝礼部与理藩院对非汉族群的文化治理》,《清史研究》2019 年第 1 期。有关朝觐礼仪的论述,可参见李云泉:《朝贡制度的理论渊源与时代特征》,《中国边疆史地研究》2006 年第 3 期,第 41 页。

　　② 参见[美]康灿雄:《西方之前的东亚》,陈昌煦译,北京:社会科学文献出版社,2016 年,第 71～72 页。

　　③ 有关西周的分封制度,可参见杨宽:《西周史》(上),上海:上海人民出版社,2016 年。

　　④ 参见 Mote, Frederick W., Twitchett, Denis, edited, *The Cambridge History of China*, *Volume 7*, *The Ming Dynasty*, *1368—1644*, Part Ⅰ, Cambridge: Cambridge University Press, 1998, pp.165-166.

时甚至被称为"小中华"①,其对明代中国的尊崇一直保持至清朝入主中原六十年后②。总体来看,朝鲜大多数时候能在古代中国藩属外交体系中占据很高的地位③,清朝对朝鲜的优待和礼遇之隆,更是清朝其他藩属国难以相比④。这部分也与古朝鲜显赫的历史文化传统有关:商朝灭亡前后,商纣王的叔父箕子移居朝鲜并受周朝分封,史称箕子朝鲜。⑤《尚书》作为古代中国儒家的"五经"之一,其中便收录了周武王姬发向箕子请教治国之道的问答《洪范》篇。⑥ 相比之下,东南亚则没有朝鲜那样显赫的文化传统以提高他们在藩属外交体系中的

① 参见孙卫国:《从尊明到奉清:朝鲜王朝对清意识的嬗变,1627—1910》,台北:台大出版中心,2019年,第27页。

② 参见葛兆光:《想象异域——读李朝朝鲜汉文燕行文献札记》,北京:中华书局,2014年,第31~32页。

③ 参见[美]康灿雄:《西方之前的东亚》,陈昌煦译,北京:社会科学文献出版社,2016年,第73页;[日]滨下武志:《中国、东亚与全球经济:区域和历史的视角》,王玉茹、赵劲松、张玮译,北京:社会科学文献出版社,2009年,第20、23页。

④ 参见孙卫国:《从尊明到奉清:朝鲜王朝对清意识的嬗变,1627—1910》,台北:台大出版中心,2019年,第189~193页。

⑤ 参见孙卫国:《从尊明到奉清:朝鲜王朝对清意识的嬗变,1627—1910》,台北:台大出版中心,2019年,第71~74页。

⑥ 参见李学勤主编:《十三经注疏·尚书正义》,北京:北京大学出版社,1999年,第296页。

地位。

尽管东南亚地区与古代中国通过陆路的交往远较海路要早,但是由于国力变化、地理距离与交通条件等因素的限制,古代中国与东南亚主要国家的藩属关系直到唐朝才全面建立。在唐宋明清等朝代,古代中国注重维系与东南亚的外交关系有国内政治上的考虑,即皇帝们大多热衷于谋求藩属国承认中国为寰宇之中心以及他本人继承皇位的合法性。① 换言之,藩属国的数量和大小事关古代中国皇帝的颜面,对于其统治中国的合法性是一种重要支撑。

以明代郑和下西洋为例,有关这一壮举的动因,学界主要有三种说法:一是贸易说。此说认为郑和下西洋乃是元朝海上拓展之延续,主要是为了发展和扩大海上贸易。② 二是安全说。此说主要强调郑和下西洋是为排查对永乐帝统治不利的各种安全隐患,包括追寻南逃的建文帝、肃清元末张士诚余部③、勘察东南亚及至印

---

① 参见[澳]王赓武:《明代对外关系:东南亚》,载[澳]王赓武:《中国与海外华人》,台北:商务印书馆,1994 年,第 52 页。

② 参见[日]杉山正明:《蒙古帝国与其漫长的后世》,乌兰译,北京:北京日报出版社,2020 年,第 247 页;[日]檀上宽:《永乐帝》,王晓峰译,北京:社会科学文献出版社,2015 年,第 213 页。

③ 参见[日]檀上宽:《永乐帝》,王晓峰译,北京:社会科学文献出版社,2015 年,第 213 页。

度洋潜在的军事威胁①。也有观点认为郑和远航是为联合印度洋国家以对抗中亚地区帖木儿帝国对中原的安全威胁。② 三是威望说。此说强调永乐帝派遣郑和下西洋是为在广大的海外地区宣扬天子的德威。③

上述贸易说和安全说可能在很大程度上混淆了动机与结果,将郑和下西洋的客观结果④当成了出使的动机。安全说的论据也并不充分,猜测的性质更多一些。威望说并非学术界的主流,仅被当成是一种补充解释。

事实上,郑和下西洋可以看作是古代中国"天子文化"的一种表现:得位不正是明成祖朱棣挥之难去的梦魇,而且明朝开国时的疆域比元朝要小得多,于是永乐

① 参见[新加坡]黄基明:《王赓武谈世界史:欧亚大陆与三大文明》,刘怀昭译,香港:香港中文大学出版社,2018年,中文版序第7页。

② 参见全汉昇:《明清经济史研究》,新北:联经出版事业股份有限公司,1987年,第4页。

③ 参见[澳]王赓武:《更新中国:国家与新全球史》,黄涛译,杭州:浙江人民出版社,2016年,第19页;全汉昇:《明清经济史研究》,新北:联经出版事业股份有限公司,1987年,第4页。

④ 有关郑和下西洋的客观结果与重大意义,有著作对此从政治外交、经济贸易、经略海洋等方面进行了总结。参见万明:《中国融入世界的步履:明与清前期海外政策比较研究》,北京:故宫出版社,2014年,第129~173页。

帝穷尽余生试图证明他是天命所归的"天子"。正如本书第二章所述,最好的证明即是四海臣服。因此,永乐帝不仅是汉人皇帝中唯一越过长城御驾亲征异族者,还南征安南并将之纳入中华版图①,并通过郑和下西洋努力恢复元朝时中国与东南亚的藩属关系。②

正是在此意义上说,郑和下西洋本质上仍属于以大陆文化为基础的海外拓展,因为其不重视大陆力量的支出与海洋利益获取间的平衡,最终变得难以为继。③但是也必须要指出,郑和下西洋在传播中华文化方面的"主动作为",与古代中国"桃李不言,下自成蹊"的外交传统相背离,这可能更多地是受到了元朝军事征服文化的影响。

---

① 参见[日]檀上宽:《永乐帝》,王晓峰译,北京:社会科学文献出版社,2015年,第227~229页。

② 参见[日]檀上宽:《永乐帝》,王晓峰译,北京:社会科学文献出版社,2015年,第202~203页。

③ 参见[新加坡]黄基明:《王赓武谈世界史:欧亚大陆与三大文明》,刘怀昭译,香港:香港中文大学出版社,2018年,第79页。

海路朝贡贸易的文化特性

从经贸维度来看,东南亚地区的政权加入古代中国的藩属外交体系,除开安全上的利益之外,也能通过朝贡贸易获得实际的经济利益。[①] 但古代中国"厚往薄来"和不重视商业的文化传统,使得其与东南亚政权之间的经贸关系是不对称的,大多数时候后者对前者的依赖要深得多。通常来说,和古代中国之间存在藩属关系的东南亚政权可以定期遣使朝贡并获得与中国开展贸易的权利。与中国没有藩属关系的外国也可以申请来华朝贡,如获批便可在中国进行合法的贸易活动。[②] 另外,古代中国的皇帝也会派遣使团往各藩属国,或宣布新王朝的建立并督促藩属国的国君遣使进贡,或吊唁藩

[①]　参见梁志明、李谋、杨保筠主编:《东南亚古代史:上古至 16 世纪初》,北京:北京大学出版社,2013 年,第 549~550 页。

[②]　有关朝贡与贸易间的关系,可参见[美]马克·曼考尔:《清代朝贡制度新解》,见[美]费正清编:《中国的世界秩序:传统中国的对外关系》,杜继东译,北京:中国社会科学出版社,2010 年,第 68~69 页。

属国国王去世并为其继任者加冕背书。在这些情况下，古代中国所派出的使团也被允许与藩属国从事一些贸易而作为出使的激励。①

在主要借由陆路交通的历史时期，古代中国和东南亚之间的朝贡贸易因路途遥远和运力所限，一般仅具有象征意义。早在汉朝，中国与当时的罗马、印度、朝鲜、日本、越南等异民族政权之间即已发生海上贸易，只是在规模上和重要性上要远逊于陆路贸易。② 晚唐之前，东南亚在贸易线路上的重要性一直明显低于朝鲜半岛和日本。③ 但随着宋朝航海技术和造船业的大发展，海路在朝贡贸易中的重要性日渐开始凸显。④ 尽管民间

---

① 参见伍庆玲：《朝贡贸易制度论》，《南洋问题研究》2002年第4期。

② 参见余英时：《汉代贸易与扩张：汉胡经济关系结构研究》，邬文玲等译，上海：上海古籍出版社，2005年，第146～156页；[澳]王赓武：《南海贸易与南洋华人》，姚楠编译，香港：中华书局，1988年，第168页。

③ 参见[美]陆威仪：《世界性的帝国：唐朝》，张晓东、冯世明译，载[加]卜正民编：《哈佛中国史》（第3卷），北京：中信出版社，2016年，第4、137页。

④ 参见梁志明、李谋、杨保筠主编：《东南亚古代史：上古至16世纪初》，北京：北京大学出版社，2013年，第454页；[日]小岛毅：《讲谈社·中国的历史07·中国思想与宗教的奔流：宋朝》，何晓毅译，桂林：广西师范大学出版社，2014年，第311页。

贸易在宋元明清与东南亚经贸往来中所占的比重常常更大①,但是朝贡贸易这种官方贸易形式更能反映出古代中国对东南亚的重视程度。② 如上一章所述,古代中国与陆地边疆的异民族政权所发生的朝贡贸易,带有很强的安全色彩,常常是被迫为之。与此有明显区别的是,古代中国通过海路进行的朝贡贸易,主要受海上国家与中华文化的亲缘性(或异质性)之影响,本质上属于文化外交的范畴③,经济意义也较为可观。

总体而言,藩属国在古代中国外交体系中的地位,和他们被允许与中国进行朝贡贸易的频次高度相关,或者说后者在很大程度上是前者一项附属性的制度安排。

---

① 参见[澳]王赓武:《中国历史上的"公营"与"私营"贸易》,载[澳]王赓武:《中国与海外华人》,台北:商务印书馆,1994年,第140页。

② 参见[美]康灿雄:《西方之前的东亚》,陈昌煦译,北京:社会科学文献出版社,2016年,第137页。

③ 参见[日]上田信:《讲谈社·中国的历史09·海与帝国:明清时代》,高莹莹译,桂林:广西师范大学出版社,2014年,第98页。

北宋时期,来华朝贡次数较多的政权有高丽(朝鲜,61次)①、交趾(越南北部,75 次)、占城(越南中南部,55次)、大食(阿拉伯地区,43 次)②等。相较于中南半岛的东南亚政权,宋代中国与东南亚海岛地区的来往较少,唯有与印尼(时称三佛齐)的贸易关系较密切。两宋时期,印尼朝贡中国计有 20 余次。③ 元朝时,高丽通过联姻成为蒙古帝国系统中地位尊贵的驸马之国④,其朝贡待遇非东南亚的藩属国可以相提并论。

有明一代,朝鲜是来中国朝贡次数最多的国家(一年三贡),其次是琉球(两年一页),再次才可排上东南亚

---

①　高丽朝贡北宋的次数统计参考了陈慧:《试论高丽对宋的朝贡贸易》,《东疆学刊》2009 年第 3 期,第 100～102 页。但需要注意的是,北宋时期高丽至中国的朝贡频率曾受辽和金的影响而一度放缓甚至断绝,如宋真宗和宋徽宗两朝计 50 年高丽都未正式朝贡过北宋,但北宋对于"联丽抗辽"十分重视,可参见黄纯艳:《宋代朝贡体系研究》,北京:商务印书馆,2014 年,第 269～270 页;李云泉:《万邦来朝:朝贡制度史论》(修订版),北京:新华出版社,2014 年,第 36～37 页。

②　参见黄纯艳:《宋代朝贡体系研究》,北京:商务印书馆,2014 年,第 240～245,308～311 页。此书对于高丽朝贡北宋的次数统计没有考虑同一年多次朝贡的情况。

③　参见朱杰勤:《东南亚华侨史》,北京:高等教育出版社,1990 年,第 13 页。

④　参见何新华:《中国外交史:从夏至清》(下册),北京:中国经济出版社,2017 年,第 472 页。

地区的国家。其中越南地区的政权(安南和占城)在明朝时朝贡中国的总次数总计 146 次,远高于东南亚地区排在第二位的暹罗(76 次)。① 以航海活动比较活跃的明朝永乐年间为例,占城在东南亚 7 个主要国家中,接待中国派出使团的数量是最多的(14 个),派往中国的朝贡使团数量也高居第二(18 个);暹罗(泰国)派往中国的使团数量则是最多的(21 个),中国派往暹罗的使团数量也不低(11 个)。②

清代继承并拓展了明朝的藩属外交体系,将更多的周边国家纳入朝贡贸易系统中。从清代规定的藩属国各国的贡期来看,朝鲜被允许一年四贡,一直是频次最高的。安南(越南)其次,一般三年一贡,乾隆和嘉庆两朝曾被改为两年一贡,但仍和朝鲜的朝贡频次有很大的差距。暹罗(泰国)在清初也是三年一贡,后在道光年间被改为四年一贡。③ 接待和派出使团的多少以及贡期上的差异,部分反映了清代中国对安南的重视要高于暹

① 参见李云泉:《万邦来朝:朝贡制度史论》(修订版),北京:新华出版社,2014 年,第 61~65 页。

② 参见[澳]王赓武:《明初中国与东南亚的关系:背景分析》,载[美]费正清编:《中国的世界秩序:传统中国的对外关系》,杜继东译,北京:中国社会科学出版社,2010 年,第 53 页。

③ 参见何新华:《最后的天朝:清代朝贡制度研究》,北京:人民出版社,2012 年,第 77~79 页。

罗,但和朝鲜相比要逊色得多。

尽管古代中国在与东南亚的朝贡贸易中因为厚往薄来而呈现逆差①,但从总体来看,由于存在较发达的民间海上贸易,古代中国自宋朝始,对东南亚乃至更远的海丝国家维持着贸易顺差。明清时期这种局面更为突出,白银因此随着海丝贸易大量流入中国。② 从货物贸易的角度来看,古代中国出口到东南亚的货物主要是丝绸、茶叶和瓷器等日常生活消费品,而东南亚出口到中国的货物主要是香料、宝石和象牙等非日常生活必需品。③

如果与对西面和北面的贸易相比,古代中国对与东南亚的贸易重视程度的确不太高。一则古代中国传统

---

① 这种逆差的情形以明朝为重要的典型之一。参见杨国桢、陈支平:《中国历史:明史》,北京:人民出版社,2006 年,第 82页。

② 参见秦晖:《传统十论:本土社会的制度、文化及其变革》,太原:山西人民出版社,2019 年,第 241 页。有关明清时期的全球贸易情况,可参见[德]贡德・弗兰克:《白银资本:重视经济全球化中的东方》,刘北成译,成都:四川人民出版社,2017年。

③ 参见梁志明、李谋、杨保筠主编:《东南亚古代史:上古至 16 世纪初》,北京:北京大学出版社,2013,第 557 页。同参见[美]费正清、刘广京:《剑桥中国晚清史》(下卷),中国社会科学院历史研究所编译室翻译,北京:中国社会科学出版社,1993年,第 1 章。

的价值观本身并不鼓励商业性的贸易活动;二来在于古代中国的农耕经济与西北面游牧社会间的贸易互补性较强。前者需要后者提供马匹这类安全必需品,而后者则需要前者提供粮食和丝绸这类生活必需品。

相比之下,东南亚的农业模式与中国的经济形态较为相同①,只有当东南亚农产品的运输成本小于中国国境内的运输成本时,贸易才具有经济意义。② 例如,18世纪末清朝曾从菲律宾进口大量稻米,以填补福建和广东两省产量之不足。③ 对古代中国而言,与东南亚之间的贸易大多数情况下只是替代和补充性质的,和那种不可或缺的互补性贸易无法相提并论。

---

① 例如,宋朝时中国引进占城稻作为重要的农作物;14—17世纪的东南亚也将稻米作为主食并大量种植。参见[澳]安东尼·瑞德:《东南亚的贸易时代:1450—1680》(第一卷),孙来臣、李塔娜、吴小安译,北京:商务印书馆,2013年,第29~36页。有关古代东南亚地区的农业情况,参见[英]D.G.E.霍尔:《东南亚史》(上册),中山大学东南亚历史研究所译,北京:商务印书馆,1982年,第11章。

② 参见[美]马克·曼考尔:《清代朝贡制度新解》,载[美]费正清编:《中国的世界秩序:传统中国的对外关系》,杜继东译,北京:中国社会科学出版社,2010年,第67~68,74页。

③ 参见张国刚:《胡天汉月映西洋:丝路沧桑三千年》,北京:生活·读书·新知三联书店,2019年,第280页。

重陆轻海的思维与因地施策

就古代中国的传统来说，的确有不太重视沿海地区的倾向，通常会更加重视陆地。① 个中缘由除了前面所论安全威胁方面的考虑之外，其实也与古代中国以农业为主的经济形态有较大关系。简言之，古代中国的政权基本是以陆地为基础的，大多数时候十分缺乏管理和探索海洋的兴趣。②

从秦朝建都咸阳始，到清朝建都北京终，古代中国但凡都城越靠北靠西，则国力较为强盛；如都城越靠东靠南，则国力呈衰微之势。③ 这充分体现了古代中国作为陆地文明的特性，即当政治中心离游牧民族越近且离海洋越远时，则说明古代中国的农耕势力已经逼近其地

———————

① 参见周振鹤：《中国历史政治地理十六讲》，北京：中华书局，2013 年，第 261～278 页；[美]高柏等：《高铁与中国 21 世纪大战略》，北京：社会科学文献出版社，2012 年。

② 参见[澳]王赓武：《更新中国：国家与新全球史》，黄涛译，杭州：浙江人民出版社，2016 年，第 39 页。

③ 参见张文江：《中国地理大势分析》，载张文江：《渔人之路和问津者之路》，上海：上海文艺出版社，2020 年，第 169～170页。

理所能达到的极限,反之则意味着其在大陆的势力被游牧民族所挤压。唐朝以后,古代中国的经济重心不断南移,然而军事防御的重点却依旧在北方边疆,经济重心与防御重心越来越难合二为一。这不仅提高了宋明时期北方防御的难度和成本,也使得维护国家稳定与南北一统的压力不断增加。处在这种格局与视野下,当明清时期来自海上的安全威胁逐渐显现时,古代中国对偏重陆防的传统也很难做出及时和必要的调整。

综合起来,中国西面和北面的异民族政权在古代时因其土地与我国接壤而较容易受到重视。尽管东南亚地区有越南和缅甸等国与我国陆地接壤,但从地理性质上来讲,东南亚和中国西面和北面相比,海洋地区的特性比较明显。① 明清两朝甚至通过海禁严格限制古代中国与日本及东南亚海洋地区的来往。虽然自宋朝开始,古代中国与东南亚间的海上经贸往来开始变得较为活跃,但是这些大多属于民间贸易的范畴,并不能用来说明官方对东南亚海上丝绸之路的重视程度,更何况古代中国对这类贸易原本就不太支持。总体来看,古代中

---

① 参见秦奇、成升魁:《东南亚地缘格局时空演变研究》,《太平洋学报》2017 年第 8 期,第 24 页。

国的确对内亚地区的重视程度要明显超过海洋地区。①

　　在这样的思维下,东南亚地区不太可能受到古代中国的重视。不过,东南亚海陆两分的差异性有助于理解东南亚不同区域受重视程度的差异。东南亚在地理上大体可分为半岛区和岛屿区。② 半岛区即中南半岛(包括马来半岛),山地和高原较多,是与古代中国接壤的大陆区域;岛屿区主要是指中南半岛以南的海岛区域。唐宋以前,由于航海技术的限制,东南亚的海岛区基本不在古代中国的视野里;③中南半岛北部(主要是今越南北部)的大陆地区比较容易受儒家文化的影响,相对更受古代中国的重视,而中南半岛南部及西面受印度文化的影响更大。④

---

　　① 　参见[美]马克·曼考尔:《清代朝贡制度新解》,载[美]费正清编:《中国的世界秩序:传统中国的对外关系》,杜继东译,北京:中国社会科学出版社,2010 年,第 74 页。

　　② 　参见[日]藤原利一郎:《东南亚历史地理》,见潘明智、张清江编译:《东南亚历史地理译丛》,新加坡:南洋学会,1989年。

　　③ 　参见马勇:《十九世纪中叶以前华侨对东南亚海岛地区文化形成所作的贡献》,《东南亚纵横》1993 年第 4 期。

　　④ 　参见[新西兰]尼古拉斯·塔林编:《剑桥东南亚史》(第一卷),贺圣达等译,昆明:云南人民出版社,2003 年,第 278 页;贺圣达:《东南亚历史和文化发展:分期和特点》,《学术探索》2011 年第 6 期。

　　唐宋之后,海上贸易的繁荣提高了东南亚海岛区域
的重要性,在不同时期作为海洋贸易中心的马六甲、苏
门答腊和爪哇受到重视,但除了元明两朝的一些时
期①,古代中国认为海岛地区的重要性也只是体现在不
那么重要的贸易方面。② 以 14 世纪前后为界,此前的
印度教和佛教以及此后的伊斯兰教,它们较儒家文化而
言,对海岛区域的影响要更深。③ 综合来看,在东南亚
这一区域内部,古代中国对半岛区域较海岛区域要更为
重视,在半岛区域,则更重视与古代中国接壤的北部
地区。

　　在具体政策方面,中原王朝对部分地处边疆的少数
民族实行羁縻政策,通过任命少数民族统领而对这些少
数民族及其区域实施间接统治,从而确保他们在中国天
子治下;对那些距离更远的少数民族,如果中原王朝无
法施以有效的管控,则会试图对少数民族使用册封的办
法,即给予少数民族统领以王号,在承认该统领对其族

---

　　① 参见[英]D.G.E.霍尔:《东南亚史》(上册),中山大学东
南亚历史研究所译,北京:商务印书馆,1982 年,第 4、10 章。

　　② 参见马勇:《十九世纪中叶以前华人在东南亚海岛地区
的活动及其特点》,《云南学术探索》1994 年第 2 期。

　　③ 参见[澳]王赓武:《华人移民类型的历史剖析》,载[澳]
王赓武:《中国与海外华人》,台北:商务印书馆,1994 年,第 7
页。

人及居住地支配权的同时,努力与之维持一种战略联盟关系或形式上的君臣关系。[1] 羁縻和册封的办法在陆地边疆乃至更远处都曾使用过。但对于东南亚的少数民族政权而言,由于中原王朝与他们相距甚远而鞭长莫及,基本都是采用册封的办法,试图将这些政权纳入以古代中国为中心的朝贡体系中。

元朝的情况比较复杂。作为史上最强悍的游牧民族,蒙古族并未完全掌握古代中国的统治技术,尽管它也曾努力借鉴传统中华帝国的一些组织方法。在管理北方的中原地区时,蒙古族仍然维持着过去游牧劫掠的思维,但在南方地区则不得不改变这种思维。和古代中国依靠汉人精英来统治的传统不同,元朝通过委托其他异民族,对南方被征服的农耕地区进行管理和征税,这些异民族通常被称为管理人或包税人。[2] 在本书的第六章讨论明清时期一些欧洲国家如何经营海丝地区时,

---

[1] 参见[日]气贺泽保规:《讲谈社·中国的历史 06·绚烂的世界帝国》,石晓军译,桂林:广西师范大学出版社,2014年,第 343～346 页。

[2] 参见[日]冈田英弘、神田信夫、松村润:《紫禁城的荣光:明清全史》,王帅译,北京:社会科学文献出版社,2017 年,第33 页;Franke, Herbert, Twitchett, Denis, edited, *The Cambridge History of China*, *Volume 6*, *Alien Regimes and Border States*, *907—1368*, Cambridge:Cambridge University Press,1994,p.41.

还可在东南亚和南亚看到包税人这种中间人角色的出现。这似乎是一个民族在远距离征服其他民族时,不得不采用的一种统治手段。

在元朝的中央政府层面,直接的税收都来自商业,因此也可以据此将元朝政权看作是军事和商业的混合体①,这与古代中国传统的重农抑商大异其趣。随着疆域的不断扩大,支撑元朝统治的技术与产业也逐渐达致极限②,而且广义上的蒙古族人在当时也只有十万人左右③,最终使得元朝越来越难继续维持有效的统治。此外,欧亚地区长时间的天灾也给元朝的统治带来额外的挑战。④ 在各种因素的综合作用下,元朝的确无法长期维持对东南亚的占领和统御,因此只得借鉴传统中国的朝贡办法,只不过元朝在东南亚建立的朝贡体系

① 参见[日]杉山正明:《忽必烈的挑战:蒙古帝国与世界历史的大转向》,周俊宇译,北京:社会科学文献出版社,2017年,第198~204页。

② 参见[日]杉山正明:《忽必烈的挑战:蒙古帝国与世界历史的大转向》,周俊宇译,北京:社会科学文献出版社,2017年,第247页。

③ 参见[日]杉山正明:《蒙古帝国与其漫长的后世》,乌兰译,北京:北京日报出版社,2020年,第101~103页。

④ 参见[日]杉山正明:《忽必烈的挑战:蒙古帝国与世界历史的大转向》,周俊宇译,北京:社会科学文献出版社,2017年,第244~245页。

比较重视经济利益,这有别于此前的中原王朝和之后的明清两朝。

从地理距离上来说,离古代中国首都越近以及交通越便利的周边国家,越有条件与古代中国的政治中心展开密切的文化交流与政治互动,因而受到重视的概率会比较高。由于古代中国的都城大多数设在黄河以北,东南亚和中国西面、北面和东面相比,距离中国首都比较远,在地理上并不具备受到重视的较好条件。

南宋定都杭州时期可以作为一个反面的例证。当时东南亚各国与中国政治中心的地理距离较以往有所缩短,加之南宋的造船与航海技术较为发达,因而中国可以比较便利地通过海路与东南亚各国加强联系并开展朝贡贸易。[1] 同一时期,南宋与高丽(朝鲜)的关系却较为疏远,很重要的原因在于当时高丽与其临近的金国也建立了朝贡关系,[2]而南宋当时又面临着来自金国的安全威胁。宋朝以后的元明清时期,尽管航海技术的发达便利了东南亚地区来华朝贡以及外交关系的发展,但受制于前面所论的安全与文化等方面的因素,以及此一时期中国政治中心大多数时候在北京,东南亚在南宋时

---

[1] 　参见何新华:《中国外交史:从夏至清》(上册),北京:中国经济出版社,2017 年,第 435 页。

[2] 　参见李云泉:《万邦来朝:朝贡制度史论》(修订版),北京:新华出版社,2014 年,第 37~38 页。

期较受重视的情形很难再现。

此外,从移民的角度来看,古代中国向东南亚地区的移民主要有三种类型:戍边移民、灾难移民与贸易移民。[①] 戍边移民主要指的是向与中国接壤的越南、老挝和缅甸三国边境地区强制派送流放人员或士兵,其目的在于稳疆拓土或增加税源;灾难移民主要是指为逃避战乱、疾病或自然灾害而产生的移民;贸易移民的形成则主要是因从事非官方贸易而流寓海外,而且贸易移民是东南亚早期移民的主要类型。[②] 但是古代中国是农耕社会,强调农业生产的重要性,倾向于将人民和土地捆绑在一起。历朝历代的基本国策并不鼓励向海外移民。

汉朝直至唐代,古代中国移民东南亚的人数较少。随着唐宋时期南海航道的兴起,古代中国因海路贸易而向东南亚有较多移民,元明清时期此一方向的移民更

———————

①　三种移民类型的划分主要参考了两本书对东南亚华人的分析,即李思涵:《东南亚华人史》,北京:东方出版社,2015年;[美]彭慕兰、史蒂文·托皮克:《贸易打造的世界:1400年至今的社会、文化与世界经济》,黄中宪、吴莉苇译,上海:上海人民出版社,2018年。

②　参见[澳]王赓武:《华人移民类型的历史剖析》,载[澳]王赓武:《中国与海外华人》,台北:商务印书馆,1994年,第7页。

多,且多源自华南地区。① 宋元时期,朝廷出于增加财政收入的考虑,甚至鼓励华商和水手出海贸易,并且对流逸海外的华人并不如前朝那样加以严控或重罚,古代中国在东南亚沿海及海岛地区的贸易移民由此显著增多。但明朝初年实施海禁政策后,明清两朝大体将海外流民视为祸患而加以招抚或征讨,且将定居海外的移民都视为贱逆。② 从传统中国的乡土观念来看,任何类型的移民都很难构成重视东南亚地区的理由,反倒是提供了轻视甚至是贬低这一地区的可能性。③ 就土地本身的特点和价值而言,东南亚地区山地和丘陵地区较多,适于古代中国传统农业种植的土地并不多,而且开垦的难度也较大。这些地理相关的因素使得东南亚总体上不那么受古代中国的重视。

---

① 参见许倬云:《历史大脉络》,桂林:广西师范大学出版社,2009 年,第 50~51 页。

② 参见吴凤斌主编:《东南亚华侨通史》,福州:福建人民出版社,1993,第 2、3 章。

③ 参见 Wang, Gungwu, *The Chinese Overseas: From Earthbound China to the Quest for Autonomy*, Cambridge, Massachusetts: Harvard University Press, 2000, p.3.

小结：海洋文明与陆地文明的兴衰

综上所述，从"差序格局"视角中的安全维度、文化维度、经贸维度和地理维度来看，东南亚地区长期以来并非古代中国经略周边的重点，在东南亚地区范围内仅有越南相对比较受古代中国的重视，但其受重视的程度要明显低于古代中国北面、西面和东面的许多政权，如本章作为对比而提及较多的朝鲜。

概而言之，古代中国在处理与东南亚的关系时是以文化为主导，安全和贸易问题并不是主要的考量。从地理的角度来看，海洋对于以定居农业为主的古代中国就是没有吸引力。与陆地边疆所形成的朝贡关系存在明显不同，古代中国在东南亚所建立的朝贡体系带有很强的儒家文化色彩，总体上是和平主义的，这为民间交流提供了较好的条件，特别是在宋、元和明初促进了古代中国与东南亚之间的贸易繁盛。或者可以说，古代中国的海上拓展是"以虚率实"：文化是"虚"的方面，贸易是"实"的方面。

也正是在宋元时期，甚至可以向前追溯至唐朝，海洋面向的发展在古代中国史的意义变得日益显著。但这并不是说，古代中国从此就彻底转向海洋。而是说，尽管陆地文明一直是古代中国的主流，但是宋元之后中国的向海发展，相对地使得陆地文明出现颓势。如果放眼至同时期的欧洲，古代中国作为陆地文明的衰落趋势，在明清时期表现得更为明显。在本书的第六章，就将重点讨论明清时期的欧洲如何经营亚洲。

陆地文明之所以出现上述的衰落，最核心的原因在于海路相较于陆路的流动性是更强的，两者的差距要远甚于上一章所提到的游牧相对于农耕的流动性优势。作为定居农业为主要经济形态的古代中国，天然地就对流动性的理解和重视不够。这使得古代中国在经济全球化的早期时代，无法把握住发展转型的历史机遇。本书的第七章将讨论流动性在地缘战略中的重要性。下一章将致力于总结古代中国地缘战略的得失，在此基础上再提出对当今"一带一路"建设的启示。

第五章　古代中国经略陆海的
得失与镜鉴

> 不仅武力应与经济相配合，而引致富
> 强之途径，又必与其国家民族之文化教育
> 与国民性之深厚内在处相融结。目下的
> 中国，正为欣羡西方之富强，而忽略了自
> 己本国历史文化之演进意义。
> ——钱穆《中国历史上的国防》①

社会现实是历史和文化传统的再造。这意味着历
史和文化传统虽不会简单重复，但对社会现实的影响绝

---

① 参见钱穆：《中国历史精神》，北京：九州出版社，2012
年，第81页。

不可小觑。① 本章基于前两章的分析,从地缘角度总结古代中国经略周边的得失,并对照当前"一带一路"建设的现实,提出可资借鉴的建议。和前两章一样,本章的论述也从安全、经贸、文化等外交差序格局的维度展开。由于是从海陆地缘的视角来分析,地理维度自然也被包括在内。

陆路的安全意义远大于经济意义

从表面上看,陆上丝绸之路的名字与丝绸等商品的贸易紧密相关。但正如第三章所分析的,对于古代中国的汉人王朝而言,陆路方向最重要的还是安全问题。北方的匈奴和突厥等异民族是主要的安全威胁,贸易与文化交流都受制于安全问题,处于从属的地位,政府在其中扮演着主导性的角色。即便在陆丝兴盛的汉唐,受地理和交通条件的限制,陆丝的人员往来和贸易规模也非常有限,经济方面的意义并不显著,而且不为中原王朝

---

① 参见 Zheng, Yongnian, *The Chinese Communist Party as Organizational Emperor: Culture, Reproduction, and Transformation*, London and New York: Routledge, 2010, Preface and Acknowledgements.

所看重。作为异民族政权,元朝虽然重视商业和贸易,但是其间陆地方向丝路商队的兴盛,在很大程度上也得益于中国往来欧洲的商路安全。①

由于游牧民族在流动性优势方面占据显著优势,古代中国的农耕王朝在军事上天然地处于守势。尽管历史上的汉族政权大多都希望一劳永逸地解决游牧民族所带来的安全困扰,但他们绝少取得成功。即便英明神武如汉武帝与唐太宗,他们为胜利所付出的代价也是巨大的,而且也谈不上是一劳永逸。② 隋炀帝一再坚持远征高句丽,甚至是隋朝二世而亡的重要原因。③ 从农耕王朝的视角来看,可耕种的土地才是真正的财富,而游牧民族的牧场并没有多少价值可言。这也导致中原王朝缺乏经济刺激去征伐统御草原部落政权。④

游牧民族的弱点也显而易见。他们生产粮食的能

① 参见[印度]G.D.古拉提:《蒙古帝国中亚征服史》,刘瑾玉译,北京:社会科学文献出版社,2017 年,第 118~119 页;《危险的边疆:游牧帝国与中国》,袁剑译,南京:江苏人民出版社,2011 年,第 264 页。

② 参见钱穆:《中国历史精神》,北京:九州出版社,2012 年,第 66~67 页。

③ 参见吕思勉:《吕著中国通史》(下),哈尔滨:哈尔滨出版社,2019 年,第 96 页。

④ 参见赵鼎新:《东周战争与儒法国家的诞生》,夏江旗译,北京:北京联合出版公司,2020 年,第 197 页。

力非常有限,因而相对擅长农业的汉民族而言,在人数上总是处于少数。游牧民族也缺乏像中原王朝那样有力的文官阶层辅佐统治,他们很难扩大有效的统治范围,特别是无法有效统治中原地区。与此相联系,游牧民族最大的软肋在于其强大过分依赖英雄式的领袖(例如成吉思汗),同时却没有稳定的继承人制度。则一旦能够掌控局面的少数民族领袖去世,往往会因为继位的问题而发生内乱,进而影响少数民族相对于中原王朝的整体实力。[①]

缺点从另一个角度来看也可能是优点,反之亦然。从根本上来说,游牧民族无法解决其游牧分散化与国家集权化之间的矛盾[②],但这也恰恰是其能够长期保持较强流动性的原因。中原农耕民族虽然没有这样的困境,天然的集权化倾向也有利于保持政治稳定与天下一统[③],但这也使得相对于游牧民族而言,古代中国农耕

---

①　参见[美]巴菲尔德:《危险的边疆:游牧帝国与中国》,袁剑译,南京:江苏人民出版社,2011年,第95～100,265～267页;[日]冈田英弘、神田信夫、松村润:《紫禁城的荣光:明清全史》,王帅译,北京:社会科学文献出版社,2017年,第106、124页。

②　参见王明珂:《华夏边缘:历史记忆与族群认同》,上海:上海人民出版社,2020年,第8页。

③　参见钱穆:《中国历代政治得失》(新校本),北京:九州出版社,2012年,第167～168页。

王朝的流动性与活力显得有所不足。

在古代中国的陆地边疆乃至陆丝沿线，汉民族与少数民族之间的征战以及双方对其他小国政权的争夺是一种常态，而且小国往往可以深刻地影响地缘格局与地区的安全局势。西域和中亚诸小国夹在中原农耕王朝和西面强大的游牧民族政权之间，一方面构成两种不同文明间的安全缓冲带，另一方面这些小国的政治倾向可能也会影响两种文明间的力量平衡。例如，第三章提到的陆丝沿线绿洲国家，他们倒向汉朝或是匈奴，往往决定着情势对哪一方更有利；唐朝大败西突厥后，西域各国表示臣服，使得唐朝相对于游牧地区的势力更为隆盛。

正如第三章所指出的，农耕性质的中原王朝管治边疆地区惯用的手法是"以夷制夷"的羁縻之策，即充分依靠当地首领以及异民族政权间的相互制衡。这和蒙古族等游牧民族惯用武力和高压手段进行征伐形成鲜明对比。元朝和清朝本质上仍是游牧性质的政权，因此才会向西藏和新疆等非传统中国的地域扩张，这是汉人的中原王朝所不会做的。[①]

一定意义上而言，羁縻之策类似于西方的联盟和均

---

① 参见［新加坡］黄基明：《王赓武谈世界史：欧亚大陆与三大文明》，刘怀昭译，香港：香港中文大学出版社，2018年，第23页。

势地缘战略，即在保证中原王朝相对更强盛的前提下，与地处边疆的少数民族政权形成结盟关系，并在这些政权与其他少数民族政权之间维持一个势力相对平衡的局面，决不允许统一和强大的少数民族政权出现。如上所述，这种策略仅有在少数民族出现内乱时才较容易施行并取得实质性的成功。但当这些边疆的少数民族逐渐被汉化后，他们对抗那些未被羁縻的少数民族的流动性优势就会减弱，最终使得均势被打破。

在面对较为强大的少数民族政权时，中原王朝更为常见的策略是"以金钱换和平"的朝贡之法。第三章已然言明，朝贡实际上是战争的一种替代。中原王朝在较量军事成本与岁贡开支后，如果认为军事行动的风险过高并且开支过大，就会倾向于选择向少数民族提供岁贡和开放边境贸易，即为中原王朝与少数民族间的和平支付一个相对较小的代价。这种支付一定程度上可以看成是中原王朝给予少数民族的经济援助，对于中原王朝自身的经济发展也有好处。

在少数民族看来，进入中原王朝的朝贡体系，可兵不血刃地实现掠夺中原王朝之实，他们自然也乐于此途。但是对于中原王朝而言，朝贡体系的成功仍须依赖自身的强大实力与军事胜利，否则岁贡这种经济援助的形式就容易变成一种绥靖，汉民族终将无法忍受少数民族的不断敲诈，和平的局面最后还是难以为继。从经贸的角度出发,古代中国对于与北方少数民族地区进行贸易其实并没有多少兴趣,而且前者相对于后者的贸易顺差以及双方在军事力量方面的差距,常常会导致后者对于前者的欺侮甚至是战争。

以北宋为例,澶渊之盟结束了契丹辽朝与北宋之间超过半个世纪的敌对交战。宋真宗在军事形势有利时,以较小的经济代价与契丹达成议和,此后双方有了长达一百二十年的和平局面。① 但是这种和平似乎也有温水煮青蛙的负面作用,北宋的积弱不能说与此全然没有关系。等到宋钦宗时期,金朝大将完颜宗望造成汴京之围,北宋当时已无招架之力,只能与之和议割地输金。但是这种兵临城下的议和只能是任人宰割,还引来金朝另一位大将完颜宗翰也来向宋钦宗讨要好处。宋金和议最终破局,靖康之耻由此而生。②

客观来说,古代中国在对抗少数民族时所遭遇的失败,大多都与重文轻武的历史传统③以及对少数民族的

---

① 参见[日]小岛毅:《讲谈社·中国的历史 07·中国思想与宗教的奔流:宋朝》,何晓毅译,桂林:广西师范大学出版社,2014 年,第 68~70 页。

② 参见吕思勉:《中国通史(彩图珍藏版)》,北京:中华书局,2015 年,第 238~239 页。

③ 宋朝"重文轻武"的倾向较为典型。参见许倬云:《说中国:一个不断变化的复杂共同体》,桂林:广西师范大学出版社,2015 年,第 222~223 页。

了解不足有关。说到底，古代中国汉民族政权的文化优越感过强，极大地妨碍了对异民族的深入了解，熟悉边防事务的将领在官僚体系中的位置通常也没有文官显赫。即便历史上曾被少数民族征服过，汉民族也会认为那些少数民族终究是野蛮和无文化的，仍然需要被"汉族化"。知己知彼，方能百战不殆。不够了解对手，自然就埋下了失败的种子。

不过，从更长的历史眼光来看，一个不容忽略的事实是：尽管古代中国长时期面临着严峻的边防形势，但是中华民族依旧维持了上千年，并且文化未曾断流过。这其中最重要的原因，在于中华民族没有穷兵黩武的传统，却有儒家文化的克制与包容。正如钱穆先生所指出的那样：

中国历史上最受后世人热烈崇拜的，反而都是些失败英雄。他虽失败，我们鼓励他，崇敬他，称扬他，如岳飞、文天祥、史可法，较之霍去病、李靖、徐达之流，他们事业之一胜一败，而我们对他们的一冷一热，反而成了一反比例。然而正为此故，我们胜到了，能适可而止；失败了，能不屈不挠，再图复兴。这可证明中国人的理智能用在胜利时，情感能用在失败时。所谓"胜不骄，败不馁"，这是一种最好的国防心理，亦是一种最深沉、最强韧的和平精神。中国民族能维持这几千年,决不是偶然。①

　　将古代陆丝与当今丝绸之路经济带("一带")的情形相对照,"一带"的安全意义仍旧更突出。今天的西藏和新疆仍是我国国内边疆安全的重点,中俄关系、中欧关系、中朝关系和中印关系等我国与陆丝沿线国家的双多边关系,事关我国的总体国家安全。和古代的情形相类似,中国通过陆路与"一带"国家所发生的贸易规模依旧有限,经济方面的意义并不显著。和古代的情况基本相同,由于运输成本较高,双边贸易主要限于附加值比较高的商品。

　　海关数据显示,2018 年中国与中欧班列相关国家(哈萨克斯坦、俄罗斯、白俄罗斯、波兰、德国等 15 国)的贸易额占中国进出口总额的比重仅为 8.9%。在这有限的贸易规模中,只有约 12% 的贸易额是通过陆路完成的,包括 7% 的公路运输和 5% 的铁路运输,明显低于占

---

　　①　参见钱穆:《中国历史精神》,北京:九州出版社,2012年,第 72 页。

比 20％的航空运输与 68％的海路运输。① 此外,中国与"一带"沿线国家合作修建了若干能源管线,如中国—中亚天然气管道和中俄原油管道等,主要的考虑是为了保障我国能源安全,而非追求单纯的经济利益。在文化领域,当前"一带"国家受俄罗斯、伊斯兰和欧洲文化的影响更多,中国文化的影响相对比较弱,我国对"一带"国家的文化影响力有较大提升空间。

海路的经济意义最为突出

如前所述,在贸易商品的种类方面,陆丝贸易主要限于奢侈品,这是因为中长距离的陆路运输,时间、人力和交通工具等综合成本较高,所以只好尽可能地选择重量相对较轻而且价值较高的商品,并且商品还需不易在运输过程中损坏或腐烂。丝织品和茶叶等商品恰好满

---

① 参见商务部国际贸易经济合作研究院:《中欧班列贸易通道发展报告 · 2019 年》,北京:商务部国际贸易经济合作研究院,2019 年;国务院新闻办公室:《2018 年我外贸进出口总值30.51 万亿元再创新高》,http://www.scio.gov.cn/xwfbh/xwbfbh/wqfbh/39595/39645/zy39649/Document/1645309/1645309.htm,检索日期:2019 年 11 月 27 日。

足这些条件。但是运输的规模毕竟是非常有限的,而且
沿途的安全形势常常比较复杂。这进一步提升了交易
的成本。① 随着宋元时期造船和远洋技术的发展,通过
海路远距离运送较大体积和重量的商品成为可能②,运
输成本较陆路运输也更为低廉③,同时海路运输也可以
运送原来由陆路运输的奢侈品。陆上丝绸之路于是逐
渐衰落,而海上丝绸之路在国际贸易方面的优越性日渐
凸显。④

古代海上丝绸之路(海丝)一般指的是从中国沿海
到东亚的朝鲜和日本以及南下至东南亚和南亚,再通过
印度洋到达西亚和欧洲的若干海上贸易航线。⑤ 和陆
丝有着明显不同,古代中国在海丝方向面临的主要挑战
是:生产型的大陆文明与贸易型的海洋文明在经济利益

① 参见李伯重、韦森、刘怡等:《枪炮、经济与霸权》,北京:现代出版社,2020年,第9~10页。

② 参见[日]森安孝夫:《兴亡的世界史03(丝绸之路与唐帝国)》,石晓军译,北京:北京日报出版社,2020年,第57~59页。

③ 参见张文木:《论中国海权》(第三版),北京:海洋出版社,2014年,第56页。

④ 参见万明:《中国融入世界的步履:明与清前期海外政策比较研究》,北京:故宫出版社,2014年,第141页。

⑤ 参见[德]罗德里希·普塔克:《海上丝绸之路》,史敏岳译,北京:中国友谊出版公司,2019年,第16页。

分配方面容易发生持续失衡,从而引发两种文明之间的冲突。

　　和陆丝相比较,海丝更强的流动性与商贸的特性更为契合,因而海丝具备更强的经济属性。由于阿拉伯帝国的东进和吐蕃的北扩阻断了陆丝通道,唐朝中晚期时海丝在贸易方面的作用已经超过陆丝[①];宋朝经济重心的南移以及造船和航海技术的发达,使得海丝超过陆丝成为中西方往来的主要通道;元朝广阔的疆域进一步促进了海丝的兴盛;通常认为,明朝郑和下西洋是古代中国开拓海丝的最高峰;[②]随后中国对海丝的重视持续下降直至晚清鸦片战争的爆发。

　　与陆丝相比,海丝极大地提升了宋、元、明、清时期中国的贸易规模,促进了经济发展,市场和民间的力量在其中扮演了非常重要的角色。但是相比其经济意义,中原王朝更为关注海丝沿线以及海丝发展的政治意义和安全问题。古代中国通过海丝出口到日本、欧洲、美

---

　　① 参见[美]林肯·佩恩:《海洋与文明》,陈建军、罗燚英译,天津:天津人民出版社,2017 年,第 270 页。

　　② 参见[美]林肯·佩恩:《海洋与文明》,陈建军、罗燚英译,天津:天津人民出版社,2017 年,第 373 页;[法]弗朗索瓦·吉普鲁:《亚洲的地中海:13—21 世纪中国、日本、东南亚商埠与贸易圈》,龚华燕、龙雪飞译,广州:广东新世纪出版社,2014 年,第 90 页。

洲和非洲的商品主要有丝绸、陶瓷和茶叶等生活消费品①,大量白银则从这些国家和地区流入中国②。持续的贸易顺差使得中国积累了巨大的财富,但这种贸易的不平衡发展,后来成为近代中西方冲突的导火索。

宋元明清时期的中国,从经济属性上来说,是以农业和手工业生产为主的大陆文明,因而对海丝及其流动性的态度始终有较为深刻的局限。从政治和安全的角度来看,与海丝沿线国家的朝贡关系不仅是证明中原王朝合法性的重要凭证,而且在朝贡体系内采用“以夷制夷”的策略也有助于维护古代中国海丝方向的国家安全③,从而使得中原王朝能够集中精力应付陆路方向的安全威胁。由于古代中国须为此在官方的朝贡贸易中为海丝朝贡国提供经济激励,随着开支的增大而不得不

---

① 参见[德]罗德里希·普塔克:《海上丝绸之路》,史敏岳译,北京:中国友谊出版公司,2019 年,第 17 页;全汉昇:《明清经济史研究》,新北:联经出版事业股份有限公司,1987 年,第 73 页。

② 参见[英]彼得·弗兰科潘:《丝绸之路:一部全新的世界史》,邵旭东、孙芳译,杭州:浙江大学出版社,2016 年,第 198~203 页;[德]贡德·弗兰克:《白银资本:重视经济全球化中的东方》,刘北成译,成都:四川人民出版社,2017 年。

③ 参见吴松弟编:《中国近代经济地理(第一卷):绪论和全国概况》,上海:华东师范大学出版社,2015 年,第 46 页。

对朝贡的地点和频次做出限制①,但这反过来又对朝贡体系的效果形成了一定的制约。

从海丝沿线国家的角度来看,朝贡关系之所以重要,是因为他是异民族政权与古代中国进行贸易的合法性基础。宋朝由于对陆丝缺乏控制,随之海丝作为民间国际贸易大通道的地位得到提升,但是政府对于海丝的重视主要是迫于国防和财政开支的压力,因此希望通过拓展民间的海上国际贸易来弥补农业税收之不足。②元朝时由于对东南亚的征伐以及长时间的扩张导致军费开支膨胀,故而推动海丝和贸易的发展以增加税收。③

明朝初期,因东南沿海的倭寇而实施海禁,对于民间性质的海丝贸易形成巨大打击,但是朝廷依然致力于

---

① 参见[法]弗朗索瓦·吉普鲁:《亚洲的地中海:13—21世纪中国、日本、东南亚商埠与贸易圈》,龚华燕、龙雪飞译,广州:广东新世纪出版社,2014年,第87~88页。

② 参见林梅村:《丝绸之路考古十五讲》,北京:北京大学出版社,2006年,第245页。

③ 参见[加]卜正民:《挣扎的帝国:元与明》,潘玮琳译,北京:中信出版社,2016年,第211页;[法]弗朗索瓦·吉普鲁:《亚洲的地中海:13—21世纪中国、日本、东南亚商埠与贸易圈》,龚华燕、龙雪飞译,广州:广东新世纪出版社,2014年,第94页。

招徕东南亚诸国来华朝贡,给国家财政带来了一定的负担。[①] 永乐年间的郑和下西洋扩大了中国的海上活动范围以及在海丝沿线的影响力,但这主要是为了政治和安全的目的,而非是为了增加贸易。[②] 这种不考虑经济利益,在政治及安全利益方面不计成本的做法,进一步加剧了国家财政的压力,最终导致明朝在面对北方的边防压力时,无法持续地对海丝沿线施加影响力,也没有充分挖掘海丝的经济利益以支持北方的国防。[③]

明朝中后期,欧洲海上列强在东亚、东南亚及南亚争雄以垄断海丝贸易线路,中国对此采取海上战略收缩的办法,以避免与这些国家发生正面冲突,仅通过沿海口岸与之保持贸易关系。[④]

清朝初年,为打击台湾郑氏集团,政府也曾实施海禁政策。台湾收复后,海禁逐渐弛废,清朝通过海丝与西方国家特别是与英国的贸易又开始兴盛起来,中国大量的贸易顺差不仅导致国内的物价上涨,也对清朝的对

① 参见[加]卜正民:《挣扎的帝国:元与明》,潘玮琳译,北京:中信出版社,2016年,第212~213页。

② 参见本书第四章对郑和下西洋的有关讨论。

③ 参见全汉昇:《明清经济史研究》,新北:联经出版事业股份有限公司,1987年,第4~5页。

④ 参见[英]彼得·弗兰科潘:《丝绸之路:一部全新的世界史》,邵旭东、孙芳译,杭州:浙江大学出版社,2016年,第205页。

外关系产生了深刻影响。[①]　总体来看,有清一代的视野主要还是陆地边疆性质的,对于海丝及其经济影响的关注较为有限。

从经济意义上来说,海丝的重要性不仅体现在是古代中国与欧洲、美洲和非洲市场间的重要贸易通道,还体现在海丝沿线国家能够对外出口香料、木材、珠宝、纺织品等商品,同时这些国家也是宋朝以来中国商品的重要消费市场。[②]　相比古代中国,欧洲的海上列强对海丝的商业价值有着更深刻的认识,他们依靠海丝经营亚洲、美洲和非洲三地之间的贸易而获得丰厚的利润,由此带来的贸易竞争促进了欧洲工业革命早期纺织品和蒸汽轮船的技术进步。[③]　下一章我们将对明清时期欧洲国家经营海丝的成败做一总结。

将古代海丝与当今21世纪海上丝绸之路("一路")的情形相比较,"一路"的经济意义在古代海丝的基础上

---

①　参见全汉昇:《明清经济史研究》,新北:联经出版事业股份有限公司,1987年,第72~82页。

②　参见[德]罗德里希·普塔克:《海上丝绸之路》,史敏岳译,北京:中国友谊出版公司,2019年,第326~337页。

③　参见[英]约翰·达尔文:《帖木儿之后:1405—2000年全球帝国史》,黄中宪译,新北:野人文化,2019年,第172~227页;[德]贡德·弗兰克:《白银资本:重视经济全球化中的东方》,刘北成译,成都:四川人民出版社,2017年,第126,295~297页。

有明显的发展和加强。宋朝以来的古代中国,海丝经贸与全国经济的关联性并不是太大,主要影响的是中国的东南沿海地区(特别是浙江、福建和广东①)。但今天"一路"已将中国经济与世界经济联系起来,是中国提升全球影响力的重要基础。近代以来,欧美日等西方发达国家对于海丝与"一路"的重视一以贯之,这给当前中国经营"一路"带来了不小的竞争与挑战,同时也增加了海洋方向对中国的安全威胁。

具体就东南亚来说,中国在 2013 年提出陆海统筹的"一带一路"倡议,这实际上提升了东南亚在中国经略周边格局中的地位。但是正如第四章所分析的,中国有着不重视东南亚的历史传统,而要想改变这一传统绝非易事。表 5.1 说明,当代中国派驻周边国家的副部级大使,在东南亚区域仍是空白。这也可以佐证,东南亚受重视的程度仍有可以提升的空间。要如何破除古代中国不太重视东南亚的传统? 对历史心态的调整和对东南亚文化多样性与差异性的重视,应是正确且有效的途径之一。

----

① 参见[法]弗朗索瓦·吉普鲁:《亚洲的地中海:13—21世纪中国、日本、东南亚商埠与贸易圈》,龚华燕、龙雪飞译,广州:广东新世纪出版社,2014 年,第 109 页。

表 5.1　当代中国周边国家与副部级大使数量

区域板块	邻国数量	陆地邻国	海上邻国	副部级大使数量
东北亚	3 个	朝鲜	韩国、日本	2 个(朝鲜、日本)
大中亚	5 个	俄罗斯、蒙古、哈萨克斯坦、吉尔吉斯斯坦、塔吉克斯坦	无	1.5 个(俄罗斯,哈萨克斯坦为部长助理级)
南亚	5 个	印度、巴基斯坦、尼泊尔、不丹、阿富汗	无	1 个(印度)
东南亚	7 个	缅甸、老挝、越南	菲律宾、马来西亚、文莱、印尼	0 个
小计	20 个	14 个	6 个	4.5 个

资料来源:根据公开资料整理。

　　以本书所述差序格局理论的四维度来检讨当代中国与东南亚的关系,今天的情形与古代相比的确已有很大不同。举例来说,在安全方面,古代中国在较长的时期内都是东南亚地区唯一的域外大国,在维护区域稳定方面发挥着重要作用,但是当前在这一地区美国和日本也是重要大国,这种新的地缘政治格局增加了区域发展和稳定的不确定性,提高了管理各种风险和冲突(特别是南海问题)的成本,因此中国和东南亚国家都需要积极应对与小心调整。此外,当前中国与东南亚的经贸关系表现为越来越强的产业链嵌套与产业内分工趋势。目前东南亚既是中国在"一带一路"沿线最大的出口目的地,又是最大的进口来源地,而且出口额与进口额均远超中东欧、南亚、中亚和西亚北非等其他"一带一路"地区。[①] 东南亚对于中国经济的重要性正在快速提高,中国的海外拓展与可持续发展的确离不开一个稳定和成熟的东南亚市场。

鉴于历史上中国很长时期内都不十分重视东南亚,而且东南亚地区也有很强的逃离中国中央政权影响的传统,那么在 21 世纪海上丝绸之路的建设和推进过程中,难以避免地会遭遇到东南亚国家对中国的猜疑、不信任以及双多边关系的反复。如何把握好节奏并利用文化交流来增进与东南亚的互信以及消除误解与分歧,任重而道远。

总体来看,当前"一路"的经贸属性仍旧是第一位的,但是与古代相比,"一路"在地缘安全方面的重要性也有很大提升。从奥巴马时代的"亚太再平衡"到特朗普时代的"印太战略",从 2019 年法国发布《法国印太防务战略》到 2020 年德国推出《德国印太地区战略大纲》,主要大国无一不关注"一路"沿线地区,特别是东南亚和

---

① 参见徐坡岭、黄茜:《中国与"一带一路"沿线国家贸易合作》,载李永全主编:《"一带一路"建设发展报告(2019)》,北京:社会科学文献出版社,2019 年,第 9~36 页。

南亚。对于中华民族的伟大复兴而言,南海和印度洋在经济和安全两方面无疑都将是非常重要的支撑。南海的重要性已经无须多言,但对于印度洋的重要性,我们仍须谨记小平同志的告诫:"亚洲太平洋世纪,没有中国的发展是形不成的,当然没有印度的发展也形不成。"①

古代中国对少数民族的文化吸引力

古代中国历来有着很强的文化自信,对于文化的对外影响力,却很少去主动谋求。这与本书第二章所言中国文化"重内轻外"的传统有很大关系。虽然古代中国也有"天下一统"的文化理想,但这其中强调的更多的是"中国"的文化核心地位和"中国"仁爱优雅的生活方式,因而中原王朝及其臣民无法对其他民族的文化心生羡慕。②

与此同时,中华文化最引以为傲的是其对其他民族的同化能力。其他民族在被同化之余,却也保留着本民

①　参见邓小平:《邓小平军事文集》(第三卷),北京:军事科学出版社、中央文献出版社,2004 年,第 335 页。

②　参见盛思鑫:《大一统思想与意识形态结构》,《中西文化研究》2010 年第 2 期。

族的一些特性。中国自古即有南北差别和东中西差别，但这些差别却丝毫不影响大家形成"大一统"的思想，并且熔铸成共同的中华文化源流，甚至造就了当今"中国人"的身份认同。① 这为"和而不同"一词提供了最好的释例。中华文化之所以能够做到和而不同，是由于第二章所述之儒家思想"理论硬核—软防护带"所具备的意识形态韧性。与西方经常靠武力征服明显不同，古代中国的汉民族政权几乎从未强迫少数民族改变其"落后"的生活方式。② 此一文化特性确实值得称许。

不过，冷静地想一想，也不宜过度夸奖中华文化的同化力，因为局限也是显而易见的。首先是古代中国过多地寄希望于外族的闻风慕化，缺少积极开拓的进取心，更不用说与其他文化去竞争影响更多的少数民族。就这一点而言，中华文化的优势在于"引进来"而非"走出去"，即从外部吸收的能力强，但是对外传播的意愿和能力弱。其次是对与中原农耕文化接壤的陆地边疆地区影响较大，而对更远的陆地地区和海洋国家的影响则比较小。这也是古代中国不勤远略的一种表现。像鉴真大师那样的文化人物在古代中国实属不多，他们影响

---

① 参见钱穆：《中国历史研究法》，北京：生活·读书·新知三联书店，2001年，第121页。

② 参见[美]许烺光：《美国人与中国人》，沈彩艺译，杭州：浙江人民出版社，2017年，第83～84页。

海洋地区文化的程度和范围亦难言深远。最后,中华文化重"求同"而轻"存异",缺少他者心态。故而古代中国历史看似简单粗线条,实则复杂弯弯绕[1],传统文化的地域多样性[2]容易被低估;而且古代中国对异民族的文化自心底是轻视的。过度以自我为中心的结果,便是对他者了解有限,不容易因应外界的变化而做出及时的改变。

如果说古代中国对陆路边疆地区的文化影响是双方安全关系的副产品,那么无妨将其理解为一自然且必然的过程。但对于海洋地区,古代中国的文化影响力着实有限。即便如第四章所言,宋元明清时以中国为中心的朝贡体系覆盖了海丝沿线的诸多国家,但大多数国家对于朝贡体系和中华文化的兴趣都较为功利。他们装作"闻风慕化"的样子,努力迎合古代中国的文化心理,很大程度上却只是为了经济和政治方面的利益。再加上古代中国对海洋地区倾注的热情为时有限,在其他文化的竞争下,中华文化的影响力更是难以持久。

从上可见,以农耕的汉民族文化为核心的中华文化具有很强的保守特征,要想有所改变殊为不易。即便受

---

① 　参见钱穆:《中国历史研究法》,北京:生活·读书·新知三联书店,2001 年,第 122 页。

② 　参见张岱年、程宜山:《中国文化精神》,北京:北京大学出版社,2015 年,第 103 页。

外来文化之影响,内中根本也很难被变更动摇。[1] 从地理上来说,农耕文化对陆地区域的影响力大,对海洋地区的影响力小。固然隋唐时期日本有遣唐使,明朝时也有郑和下西洋,但中华文化对海洋地区的影响力就是不如印度、伊斯兰和基督教等异民族文化。放眼今日之世界,中华文化正处在一个大融合但又是大革新的时代。在这样的一个时代,中华民族的伟大复兴在博采众长之外,既需要重新恢复对陆地区域的文化吸引力,也很需要加强对海洋国家的文化影响力。对于中国的外交而言,中华文化的功用不在于文化征服,而在于增加亲缘性,减少对抗性,从而达到"不战而屈人之兵"的效果。

对当前"一带一路"建设的启示

在推进"一带一路"建设的过程中,基于上述历史思考并结合现实情况,我们首先需要充分认识到陆地与海洋的利益性质是完全不同的。对当今中国而言,陆路方向的安全利益仍旧是第一位的,经贸方面的利益相对较

---

[1]　参见梁漱溟:《中国文化要义》,上海:上海人民出版社,2018 年,第 11 页。

为有限;海路方向的经贸利益则是最首要的,但在全球化竞争的态势下,中国也须面对与其他国家在这一区域的地缘安全博弈。以古鉴今,在更好推进"一带一路"建设方面,我们至少可以得到如下五点启示:

第一,要注意区分和把握"一带"与"一路"不同的战略重点:"一路"是中国全球影响力的重要来源,其战略重点在于促进经贸发展,由此可对中国的战略安全产生积极影响;"一带"的战略重点则在于维护国家安全而不是在经贸方面。"一带"的经济规模和贸易利益有限,加强对"一带"沿线的经济合作与国际援助,主要意义在于巩固中国的国家安全,因为历史证明,经济脆弱的"一带"将会增加中国在陆地方向的安全威胁。中国需更加重视"一路"的经济意义,特别是通过加强"一路"方向的区域经济一体化,持续释放中国的贸易与投资潜力。这一方面可以促进中国经济的可持续发展与全球影响力的提升,另一方面有利于缓解我国与美欧间贸易不平衡的问题。

第二,我国推动"一带一路"建设的可持续发展,需要高度重视安全利益、政治利益和经济利益三者间的合理平衡与相互促进,要充分发挥国内和国际、中央和地方两个积极性。在涉及"一带一路"的安全和政治议题时,不能将"只算大账、不算小账"理解成"不算账"甚至是"不计成本"。如果一项战略计划或重大工程项目在经济上不具有可持续性,那么"不计成本"而获得的安全利益与政治利益不仅不可能长久,还可能会产生反效果。在经济外交领域对国家安全和国际政治考虑不足,片面强调通过"一带一路"获取经济利益更是十分危险。此外,"一带一路"建设的可持续发展,不能仅仅依靠中国的积极性以及国家层面的顶层设计与战略对接,还需要沿线国家与国际社会的共同参与,更需要调动中国和沿线国家地方层面的积极性。

第三,深刻理解海陆两种力量的不同性质,加大政府对私营企业参与"一带一路"建设的支持力度。历史告诉我们,国有企业与稳定性更强的陆地文化紧密地联系在一起,而私营企业更能代表流动性和灵活性强的海洋力量,古代海丝的繁荣也主要是靠私营企业和商人的力量在推动。"一带一路"倡议的实质是海陆并重,但是当前中国在海洋力量方面存在明显短板,特别是海上军事力量以及政府对私营企业"走出去"的支持力度,和西方国家相比仍存在较大差距。要补齐这块短板,政府必须深刻认识私营企业和海洋经济的内在一致性,通过加快混合所有制改革以及扩大开放,支持我国的私营企业更广泛地参与"一带一路"建设。

第四,推进"一带一路"建设需要中国进一步提升文化软实力,注重中国发展经验和中国治理经验的"走出去"。这些经验可能包括:制订国民经济发展的中长期战略规划、大规模建设经济发展所需的基础设施、探索设立经济特区和产业园区、采用渐进式的方式推动改革,等等。尽管中国不是宗教国家也历来不热衷于搞价值观输出,但是当前的确需要提升软实力并主动增强对沿线国家的文化影响力,这是"一带一路"建设成功的重要保证。就此而言,要充分意识到软实力的性质是非政府和非强制性的,要进一步加强中国非政府组织和民间渠道在对外援助中的角色,着力提升沿线国家对中国发展经验和发展理念的理解和认同,在此基础上鼓励沿线国家结合自身国情与我国探索共商、共建和共享的发展路径。

第五,现代交通技术和数字技术的发展,极大地改变了世界的地理格局。传统上不同区域间的各种交流所遇到的地理因素限制,已经或正在被技术所突破。从新时代中国陆海统筹和全面开放的发展战略来看,尽管我们在陆上和海上都应有所作为,但是在"陆"和"海"的优先发展次序上仍须分阶段和分领域地有所侧重,充分把握好"一带一路"建设的重点方向、重点国别与重点领域。此外,更须以新的地理观去看待"一带一路"和全球的地缘政治经济新格局,应将增强综合的流动性优势设定为中国地缘战略的核心目标。对此一流动性优势的讨论,是本书第七章的重点。

第六章　明清时期欧洲经营
亚洲的成与败

> 绅士阁下们必须从经验中很好地了
> 解到,在亚洲的贸易必须在我们自己的武
> 器的保护之下才能够得以展开和维持,武
> 器只有在获取商业利益之下才能更好地
> 发挥作用,商业的维持不能够没有战争,
> 而战争也不能够没有商业。
>
> ——荷属东印度公司总督科恩,1614 年①

明清时期古代中国总体实行海禁政策。尽管明朝

---

①　转引自顾卫民:《葡萄牙海洋帝国史:1415—1825》,上海:上海社会科学院出版社,2018 年,第 269 页。

中后期有隆庆开关,清朝也曾一度弛禁①,但和同时期的葡萄牙、荷兰与英国等欧洲国家的海上扩张相比,完全不可相提并论②。这其中最大的差别还是在于明清时期的中国仍是陆地性质的政权,而那些欧洲政权却是海洋性质的国家。因此之故,他们对待海洋的态度自然大不相同。

甚至早在明朝,中国和欧洲的海上拓展即已开始出现明显的分化:明朝初期郑和下西洋之后,古代中国对于海丝的兴趣便开始走下坡路,但明朝中期却正是欧洲借着地理大发现,积极开辟亚洲殖民地和贸易新航线的活跃期,进而为资本主义与工业革命的发展奠定基础。这一重要的分野导致当时中国和欧洲的经济发展走向呈现根本性的不同,史学界称之为"大分流"。③

本章重点分析葡萄牙、荷兰与英国在明清时期经营海丝的特点,因为这三个国家不仅是典型的海洋国家,也先后在当时的海丝区域内(特别是在东亚、东南亚和

---

① 有关明清两朝海外政策的详尽讨论,可参见万明:《中国融入世界的步履:明与清前期海外政策比较研究》,北京:故宫出版社,2014 年。简略的情况则可参见[日]上田信:《讲谈社·中国的历史 09·海与帝国:明清时代》,高莹莹译,桂林:广西师范大学出版社,2014 年,第 250、306 页。

② 参见[美]林肯·佩恩:《海洋与文明》,陈建军、罗燚英译,天津:天津人民出版社,2017 年,第 415、453 页。

③ 参见[美]彭慕兰:《大分流:欧洲、中国及现代世界经济的发展》,史建云译,南京:江苏人民出版社,2003 年。

南亚)有较大影响。① 从伦理的角度而言,本书第二章
所述之四维度的分析框架,大体上是可以中西通用的,
中国和西方国家在处理对外关系时价值趋向的不同,也
正是体现在这四个维度上。但二者仍有一个重要不同,
即西方国家的神权、王权、商人与社会不似古代中国那
样"天下一统"②,因此很难在欧洲找到像古代中国皇帝
那样的主体,可以很好地表征国家在四个价值维度上的
统一表现。不论如何,本章的讨论从经贸、安全、文化和
地理四个维度展开,将有助于更好地观察、比较、理解中
国与欧洲三国在经略陆海方面的差别。

经贸利益是欧洲经营亚洲的首要考量

尽管元朝时蒙古人的军事征服促进了欧亚间的经

---

① 参见[日]上田信:《讲谈社·中国的历史09·海与帝
国:明清时代》,高莹莹译,桂林:广西师范大学出版社,2014年,
第296页;[日]福井宪彦:《近代欧洲的霸权》,潘德昌译,北京:
北京日报出版社,2019年,第33～36,39～40页。
② 参见[美]马娅·亚桑诺夫:《英国在东方的征服与收
藏:1750—1850年》,朱邦芹译,北京:社会科学文献出版社,
2019年,第38页。

贸往来①,但是其后的蒙古人与突厥人等陆地游牧民族的西扩,在 15 世纪时却创造了一个横亘在当时西欧与东亚之间的伊斯兰世界。② 为了打破伊斯兰世界对于欧亚贸易的垄断③,同时也想在欧洲取代威尼斯商人经营东方贸易的优势地位④,葡萄牙在 15 世纪末开辟欧洲到印度的新航线,拉开了今日世人所称"经济全球化"之大幕。⑤

　　和古代陆丝上的生存战争及领土争夺有所区别,明清时期欧洲国家在经营亚洲时,主要考虑的是如何获取经贸利益。以 19 世纪英国对印度的殖民为例,英国当

---

　　① 参见罗新:《有所不为的反叛者:批判、怀疑与想象力》,上海:上海三联书店,2019 年,第 203 页。

　　② 参见[英]约翰·达尔文:《帖木儿之后:1405—2000 年全球帝国史》,黄中宪译,新北:野人文化,2019 年,第 60~64 页。

　　③ 参见许倬云:《历史大脉络》,桂林:广西师范大学出版社,2009 年,第 81~82 页。

　　④ 参见李伯重、韦森、刘怡等:《枪炮、经济与霸权》,北京:现代出版社,2020 年,第 30~32 页;[英]理查德·霍尔:《季风帝国:印度洋及其入侵者的历史》,陈乔一译,天津:天津人民出版社,2019,第 155 页;[英]罗杰·克劳利:《征服者:葡萄牙帝国的崛起》,陆大鹏译,北京:社会科学文献出版社,2016 年,第 17~20,50 页。

　　⑤ 参见顾卫民:《葡萄牙海洋帝国史:1415—1825》,上海:上海社会科学院出版社,2018 年,第 399 页。

时最看重的就是从中赚取财富。① 在经营亚洲时,欧洲国家的政府自然是重要的利益主体。例如,自 16 世纪初期开始,葡萄牙政府从与亚洲的贸易中获得的收入,逐渐超过从葡萄牙本国获得的各项收入。② 随着时间的推移,利益攸关者开始扩展至那些在亚洲从事贸易的欧洲商人、资本家和公司。

就欧洲在亚洲的商贸扩张而言,16 世纪占主导的是葡萄牙人③,17 世纪被荷兰人所取代④,18—19 世纪

---

① 参见[英]阿尔弗雷德·考尔德科特:《大英殖民帝国》,周亚莉译,北京:华文出版社,2019 年,第 110~111 页。

② 参见顾卫民:《葡萄牙海洋帝国史:1415—1825》,上海:上海社会科学院出版社,2018 年,第 121 页。

③ 参见[日]宫崎市定:《亚洲史概说》,北京:民主与建设出版社,2017 年,第 262 页。

④ 荷兰人取代葡萄牙在亚洲商贸中的霸主地位,标志性的事件应该是 1641 年葡萄牙人控制的马六甲被荷兰人攻陷,从此葡萄牙失去对马六甲的控制权。此前荷兰也获得了原由葡萄牙占有的欧洲与日本的贸易垄断权。参见顾卫民:《葡萄牙海洋帝国史:1415—1825》,上海:上海社会科学院出版社,2018 年,第 286~288,291,300 页。

则是英国人的天下。[①] 不过,这种取代并非突然发生,双方势力的此消彼长是一个渐变的过程,并且同时期其他国家在亚洲贸易网络中也并非完全没有势力。[②] 例如,西班牙人在 17 世纪时便控制着中国东南海域经马尼拉到墨西哥的贸易航线。[③] 但 16 世纪末至 17 世纪初,最赚钱的是葡萄牙人控制的澳门往返日本的航线。[④] 17 世纪时,英国人在印度的商贸势力也不容小觑。[⑤]

[①] 英国取得亚洲霸权的标志,是赢得 1756—1763 年的英法战争。参见[美]斯塔夫里阿诺斯:《全球通史:从史前到 21 世纪:第 7 版新校本》(下册),吴象婴、梁赤民译,北京:北京大学出版社,2020 年,第 510~511 页;有关荷兰人在 17 世纪如何取代葡萄牙人,以及英国人又如何在 18 世纪取代荷兰人,参见[美]桑贾伊·苏拉马尼亚姆:《葡萄牙帝国在亚洲:1500—1700》(第二版),巫怀宇译,桂林:广西师范大学出版社,2018 年,第 322~326 页。

[②] 参见[日]羽田正编:《从海洋看历史》,张雅婷译,新北:广场出版,2017 年,第 120 页。

[③] 参见[法]弗朗索瓦·吉普鲁:《亚洲的地中海:13—21 世纪中国、日本、东南亚商埠与贸易圈》,龚华燕、龙雪飞译,广州:广东新世纪出版社,2014 年,第 130~132 页。

[④] 参见[美]桑贾伊·苏拉马尼亚姆:《葡萄牙帝国在亚洲:1500—1700》(第二版),巫怀宇译,桂林:广西师范大学出版社,2018 年,第 210 页。

[⑤] 参见[法]弗朗索瓦·吉普鲁:《亚洲的地中海:13—21 世纪中国、日本、东南亚商埠与贸易圈》,龚华燕、龙雪飞译,广州:广东新世纪出版社,2014 年,第 136~138 页。

需要说明的是,葡萄牙在亚洲的势力并非领土占有性质的,他们的策略是通过武装控制港口和建立沿海要塞,进而控制可以营利的海上贸易线路。[①] 由于建设性多过破坏性,葡萄牙人在亚洲采取的政策,相比取代他们的荷兰人而言,总体上更容易为当地人所接受。[②] 自18 世纪始,西方列强开始竞相占领亚洲的领土,争夺殖民地势力范围[③],但是贸易利益仍旧是欧洲关注的重点。作为当时的海洋帝国,葡萄牙和荷兰,甚至也包括英国,他们的优势主要在亚洲的沿海地区,对于广袤的内陆地区,他们的影响力要么十分微弱,要么经营得并不成功。

从贸易形式上来说,欧洲在亚洲的贸易大体上可以分为王室贸易(国营贸易)和私人贸易(私营贸易)两种。葡萄牙王室是最早的贸易商人,但随着私营贸易的扩大,直接从事贸易与征收贸易税及拍卖特许航行权两相

[①] 参见[美]杰里·本特利、赫伯特·齐格勒:《新全球史:文明的传承与交流(1000—1800 年)》(第 5 版),魏凤莲译,北京:北京大学出版社,2014 年,第 189 页。

[②] 参见顾卫民:《葡萄牙海洋帝国史:1415—1825》,上海:上海社会科学院出版社,2018 年,第 297 页。

[③] 参见顾卫民:《葡萄牙海洋帝国史:1415—1825》,上海:上海社会科学院出版社,2018 年,第 401~402 页。

比较,王室发现后者是更为经济和稳妥的营利办法。①
荷兰在角逐亚洲的贸易权时,荷属东印度公司②作为带
有半国家性质的组织,发挥了重要作用。事实上,荷兰
之所以能够成为 17 世纪亚洲的海上霸主,其成功的重
要原因是借由荷属东印度公司在这一区域投入强大武

---

① 参见[美]桑贾伊·苏拉马尼亚姆:《葡萄牙帝国在亚
洲:1500—1700》(第二版),巫怀宇译,桂林:广西师范大学出版
社,2018 年,第 208~210 页。

② 当时欧洲许多国家都设立了东印度公司,但不同国家
的东印度公司在组织架构和运营管理上有所不同。大体可将东
印度公司看作是政府和私营企业的一种混合体,这其中以 17 世
纪的荷属东印度公司与 18 世纪的英属东印度公司为代表。一
般来说,政府为东印度公司提供的支持主要包括两个方面,首先
是欧洲国家授予这些企业在亚洲的贸易权,同时让企业代表政
府在亚洲开展外交活动;对于那些已经占有的殖民地,欧洲国家
甚至委派本国的东印度公司官员履行殖民地行政管理的各种职
能。其次是政府所提供的金融和军事方面的重要支持,使得这
些企业具备财务可持续性和抵御海上风险的能力。参见[日]羽
田正:《兴亡的世界史 09(东印度公司与亚洲之海)》,毕世鸿、李
秋艳译,北京:北京日报出版社,2020 年,第 57~87 页;[日]浅
田实:《东印度公司:巨额商业资本之兴衰》,顾姗姗译,北京:社
会科学文献出版社,2016 年,第 12~13 页;黄基明:《王赓武谈
世界史:欧亚大陆与三大文明》,刘怀昭译,香港:香港中文大学
出版社,2018 年,第 88~89 页。

力驱赶贸易竞争者,并运用外交手段获得贸易垄断特权。① 但是随着荷兰在 17 世纪末逐渐丧失在亚洲贸易中的优势,荷属东印度公司的衰落也就不可避免了。②

英属东印度公司虽然在商业上没有荷属东印度公司在 17 世纪那样"成功"③,但是 18 世纪该公司在扩大和维持殖民地管理这项"新业务"上却表现十分突出。英属东印度公司将亚洲殖民地非工业化,使得殖民地沦

---

① 参见[英]亚当·克卢洛:《公司与将军:荷兰人与德川时代日本的相遇》,朱新屋、董丽琼译,北京:中信出版社,2019年,第 160 页;[日]福井宪彦:《近代欧洲的霸权》,潘德昌译,北京:北京日报出版社,2019 年,第 35 页;[美]桑贾伊·苏拉马尼亚姆:《葡萄牙帝国在亚洲:1500—1700》(第二版),巫怀宇译,桂林:广西师范大学出版社,2018 年,第 324 页。

② 参见[法]费尔南·布罗代尔:《十五至十八世纪的物质文明、经济和资本主义(第三卷):世界的时间》,顾良、施康强译,北京:商务印书馆,2017 年,第 276 页。

③ 参见[法]费尔南·布罗代尔:《十五至十八世纪的物质文明、经济和资本主义(第三卷):世界的时间》,顾良、施康强译,北京:商务印书馆,2017 年,第 267 页;[法]弗朗索瓦·吉普鲁:《亚洲的地中海:13—21 世纪中国、日本、东南亚商埠与贸易圈》,龚华燕、龙雪飞译,广州:广东新世纪出版社,2014 年,第135~136 页。

为英国制造业的原料供应地,即沃勒斯坦所说的边缘地带。[1] 这顺应了 18 世纪英国工业革命发展的需求,促进了英国资本主义的大发展。尽管英属东印度公司作为英国的"国家企业"无疑是有"贡献"的,但是它作为一个贸易公司却并没有因为其"国家企业"的身份和行为而获得足够的收益,甚至最终陷入财政危机。[2]

就欧洲在亚洲开辟的贸易线路而言,主要有三种情形:欧洲和亚洲、非洲或美洲之间;亚洲、非洲或美洲内部;亚洲、非洲或美洲之间。举例而言,英属东印度公司主要经营欧亚之间的贸易,这就为其他私营企业发展亚洲内部的贸易留下了空间。[3] 18—19 世纪,在亚洲内部

① 参见[美]伊曼纽尔·沃勒斯坦:《现代世界体系(第三卷):资本主义世界经济大扩张的第二时期:1730—1840 年代》,郭方、夏继果、顾宁译,北京:社会科学文献出版社,2013 年,第 159~174 页。

② 参见[日]羽田正:《兴亡的世界史 09(东印度公司与亚洲之海)》,毕世鸿、李秋艳译,北京:北京日报出版社,2020 年,第 277~280 页。

③ 参见[美]桑贾伊·苏拉马尼亚姆:《葡萄牙帝国在亚洲:1500—1700》(第二版),巫怀宇译,桂林:广西师范大学出版社,2018 年,第 325~326 页。

最成功的贸易商是私营商人而非东印度公司。①

就明清时期亚洲和欧洲的交换关系而言,亚洲向欧洲运输香料(包括胡椒、生姜、肉桂、丁香、肉豆蔻等)、丝绸、瓷器、宝石、茶叶等商品,而欧洲则从新大陆(墨西哥和秘鲁)的银矿将白银运至亚洲以供交换。② 为了解决资金缺乏的问题,欧洲国家也积极开辟和垄断亚洲内部的贸易线路以获取利润。③ 事实上,亚洲内部贸易的繁盛程度一度超过欧亚之间的贸易。④ 如前述提到的澳门往返日本的贸易,就使得当时的葡萄牙赚取了大量白

---

① 参见[美]桑贾伊·苏拉马尼亚姆:《葡萄牙帝国在亚洲:1500—1700》(第二版),巫怀宇译,桂林:广西师范大学出版社,2018 年,第 415~416 页。

② 参见[日]羽田正:《兴亡的世界史09(东印度公司与亚洲之海)》,毕世鸿、李秋艳译,北京:北京日报出版社,2020 年,第 14 页;[德]于尔根·奥斯特哈默:《亚洲的去魔化:18 世纪的欧洲与亚洲帝国》,刘兴华译,北京:社会科学文献出版社,2016 年,第 60 页。

③ 参见[法]弗朗索瓦·吉普鲁:《亚洲的地中海:13—21 世纪中国、日本、东南亚商埠与贸易圈》,龚华燕、龙雪飞译,广州:广东新世纪出版社,2014 年,第 144~146 页。

④ 参见[美]珍·波本克、弗雷德里克·库伯:《世界帝国二千年:一部关于权力政治的全球史》,冯奕达译,新北:八旗文化/远足文化事业股份有限公司,2015 年,第 219 页。

银。[①] 尽管那一时期的全球经济中心到底是欧洲还是中国尚有争论,但当时白银在联通世界经济方面的确发挥了重要作用。[②] 从 15 世纪到 20 世纪初期,白银在亚洲基本都是硬通货。例如,从 1436 年(明英宗)到 1935 年国民党政府实行法币改革,中国在这五百年间一直都采用银本位制。[③]

海上霸权是获得经贸利益的重要保障

必须承认,欧洲经营亚洲最开始就伴随着武力的使用,这既包括对亚洲国家的暴力掠夺与征服,也包括欧

---

① 参见[日]福井宪彦:《近代欧洲的霸权》,潘德昌译,北京:北京日报出版社,2019 年,第 32 页。

② 参见[德]贡德·弗兰克:《白银资本:重视经济全球化中的东方》,刘北成译,成都:四川人民出版社,2017 年;秦晖:《传统十论:本土社会的制度、文化及其变革》,太原:山西人民出版社,2019 年,第 239~265 页。

③ 参见全汉昇:《明清经济史研究》,新北:联经出版事业股份有限公司,1987 年,第 19 页。

洲国家在亚洲地区争夺贸易的战争。① 当明朝后期开始引进并在陆战中使用欧洲的"红夷大炮"时,欧洲国家已经开始利用枪炮方面的技术优势建立起在海上的军事力量。相比在陆地上使用枪炮,武装轮船的流动性优势显然更强。② 葡萄牙在这方面有先发优势,其造船业在 16 世纪远超他国,建造武装商船的能力也首屈一指。③ 这既是当时葡萄牙海上霸权的基础,也是葡萄牙率先取得亚洲贸易主导权的重要原因。

正如本章题头语所揭示的那样,对于明清时期欧洲在亚洲的经营而言,贸易和战争是一枚硬币的两面。这不仅因为武力可以保护贸易,也是从事"海盗"型贸易的基础④;更因为战争优势,特别是海上的军事优势,很容易转变为贸易方面的优势。例如,17 世纪荷兰通过与葡萄牙的战争而获得亚洲一些重要贸易线路的垄断权。荷兰发达的造船工业不仅为其海军优势提供基础,也为

---

① 参见[美]马娅·亚桑诺夫:《英国在东方的征服与收藏:1750—1850 年》,朱邦芊译,北京:社会科学文献出版社,2019 年,第 36 页。

② 参见[英]理查德·霍尔:《季风帝国:印度洋及其入侵者的历史》,陈乔一译,天津:天津人民出版社,2019 年,第 114 页。

③ 参见顾卫民:《葡萄牙海洋帝国史:1415—1825》,上海:上海社会科学院出版社,2018 年,第 131 页。

④ 参见[日]福井宪彦:《近代欧洲的霸权》,潘德昌译,北京:北京日报出版社,2019 年,第 33 页。

贸易的拓展创造了十分有利的条件。关于这一点，下面做一更细致的分析。

葡萄牙原本领先的造船业在17世纪被荷兰赶超。[1] 荷兰发达的造船工业不仅为贸易提供了生产工具，也提供了保护贸易和从事掠夺性贸易的军事工具。换言之，从事贸易的船只在有必要时很容易变成战舰，海员、海盗和海军的界限并不十分明显。在17世纪中期，荷兰大约拥有1.4万艘这样的船只和25万名海员（海军），而葡萄牙仅拥有十余艘同类型的船只和大约4000人的海军。[2] 相差如此悬殊，葡萄牙的海上霸权被荷兰所取代也就不足为奇。在17世纪，世界的贸易运输基本都被荷兰所控制，荷兰所拥有的船只总吨位一度超过葡萄牙、西班牙、德意志、英国和法国等国家的总和。[3] 发达的造船工业也意味着更便宜的运费，这进一步增强了荷兰在贸易中的流动性优势，从而造就了荷兰

① 参见［美］伊曼纽尔·沃勒斯坦：《现代世界体系（第二卷）：重商主义与欧洲世界经济体的巩固：1600—1750》，郭方、吴必康、钟伟云译，北京：社会科学文献出版社，2013年，第49～50页。

② 参见顾卫民：《葡萄牙海洋帝国史：1415—1825》，上海：上海社会科学院出版社，2018年，第293页。

③ 参见［美］伊曼纽尔·沃勒斯坦：《现代世界体系（第二卷）：重商主义与欧洲世界经济体的巩固：1600—1750》，郭方、吴必康、钟伟云译，北京：社会科学文献出版社，2013年，第51页。

在亚洲的贸易霸权。简言之,荷兰的海上霸权为其获取亚洲的贸易霸权提供了现实条件。①

但是荷兰只是人口小国,而且缺乏战略纵深,它能够获取亚洲的海上霸权,部分得益于 17 世纪英国内战(1642—1651)时英国无暇与之争霸。在结束内战后的二十年内,英国与荷兰之间爆发了三次较大的战争(史称三次英荷战争),直接挑战当时荷兰已臻于顶峰的经济霸权。②

英国人最终取得了绝对的海上军事优势,并通过英属东印度公司及英国的私营贸易商实现了对亚洲贸易的主导。③ 随着 18 世纪英国工业革命的发展,英国很快拥有全世界最强大的钢铁工业,再加上蒸汽动力的应用,英国人生产海上舰船(包括战舰)的数量和能力,直

---

① 参见[英]赫伯特·乔治·韦尔斯:《世界史纲:生物和人类的简明史》(下),吴文藻、冰心、费孝通译,南京:译林出版社,2015 年,第 757 页。

② 参见[美]伊曼纽尔·沃勒斯坦:《现代世界体系(第二卷):重商主义与欧洲世界经济体的巩固:1600—1750》,郭方、吴必康、钟伟云译,北京:社会科学文献出版社,2013 年,第 64,93～95页;[英]布赖恩·莱弗里:《海洋帝国》,施诚、张珉璐译,北京:中信出版社,2016 年,第 37～54 页。

③ 参见[英]马克辛·伯格:《奢侈与逸乐:18 世纪英国的物质世界》,孙超译,北京:中国工人出版社,2019 年,第 84～87 页。

至 19 世纪末都无人能比。① 这也是英国得以在 19 世纪建立全球霸权的基础。② 但当英国成为日不落帝国后,却也如同 17 世纪的荷兰那样,开始落入盛极必衰的诅咒中。

大略而言,造船和军事工业的发展与海上军事力量的结合,是欧洲国家经营亚洲的重要基础。葡萄牙、荷兰与英国在发展航运工业的同时,也较为注重海上军事力量的养成,而同时期中国的海军建设起步较晚,力量相对薄弱。③ 当时欧洲国家之所以重视海上军事力量的培养,一方面是因为需要与其他国家争夺海上贸易及航线的垄断权,以获得更多的商业利润;④另一方面也是因为需要保护自身的既得利益,并在亚洲等地不断扩

---

① 参见[英]本·威尔逊:《深蓝帝国:英国海军的兴衰》(下),沈祥麟译,北京:社会科学文献出版社,2019 年,第 684～697 页。

② 参见[英]尼尔·弗格森:《帝国》,雨珂译,北京:中信出版社,2012 年,第 309 页。

③ 参见[美]林肯·佩恩:《海洋与文明》,陈建军、罗燚英译,天津:天津人民出版社,2017 年,第 478～487 页;[德]罗德里希·普塔克:《海上丝绸之路》,史敏岳译,北京:中国友谊出版公司,2019 年,第 316～317 页。

④ 参见[日]浅田实:《东印度公司:巨额商业资本之兴衰》,顾姗姗译,北京:社会科学文献出版社,2016 年,第 28 页。

大势力范围。①

文化渗透作为巩固和提升
经贸利益的手段

就欧洲在亚洲攫取经贸利益而言,如果说武力征服是一翼,那么文化渗透特别是宗教征服则是另一翼。明清时期欧洲国家对亚洲的文化影响主要有两种模式。一种是近乎完全的文化移植,即以欧洲本国为蓝本而在其控制的亚洲区域内实行一套统一的文化体系,包括语言、教育和宗教等诸多方面,比较典型的有法国和葡萄牙对亚洲的文化殖民。另一种则类似于古代中国的羁縻之策,即欧洲国家对控制的亚洲区域实行间接统治,其中以英国为代表。② 从历史来看,后一种模式的"效果"比较好,不仅遭遇到的抵抗比较小,而且影响持续的

---

① 参见[英]彼得·弗兰科潘:《丝绸之路:一部全新的世界史》,邵旭东、孙芳译,杭州:浙江大学出版社,2016 年,第 214~217 页;[法]弗朗索瓦·吉普鲁:《亚洲的地中海:13—21 世纪中国、日本、东南亚商埠与贸易圈》,龚华燕、龙雪飞译,广州:广东新世纪出版社,2014 年,第 310~316 页。

② 参见[英]艾伦·麦克法兰:《现代世界的诞生》,上海:上海人民出版社,2013 年,第 30~32 页。

时间比较长。

　　毋庸置疑,相比当时的亚洲国家,处于霸权地位的欧洲国家在文化影响力上占有优势。[①] 具体而言,欧洲对亚洲的宗教传播与价值观输出是文化渗透方面的重要内容。[②] 与古代中国期望"四夷慕化"与"万国(主动)来朝"的内敛性文化有所不同,对于那些有战略价值和长期经济价值的地方,欧洲国家非常重视文化上的渗透以及与当地的宗教开展竞争,进而维持和提升对该地区的影响力。[③] 17—18 世纪,一些欧洲国家在亚洲地区的商馆也是宗教活动中心,传教士和宗教传播场所也常常在商业拓展方面发挥着作用。[④]

　　对于欧洲来说,明清时期的传教士在亚洲所发挥的作用绝对不能低估。传教士之所以能发挥重要作用,一

---

① 参见[美]伊曼纽尔·沃勒斯坦:《现代世界体系(第二卷):重商主义与欧洲世界经济体的巩固:1600—1750》,郭方、吴必康、钟伟云译,北京:社会科学文献出版社,2013 年,第 66 页。

② 参见[澳]王赓武:《李光耀——历史、遗产及新加坡理念》,载杨振宁、余英时、王赓武编:《学者谈李光耀》,新加坡:八方文化创作室,2015 年,第 176 页。

③ 参见[英]彼得·弗兰科潘:《丝绸之路:一部全新的世界史》,邵旭东、孙芳译,杭州:浙江大学出版社,2016 年,第 212 页。

④ 参见[德]罗德里希·普塔克:《海上丝绸之路》,史敏岳译,北京:中国友谊出版公司,2019 年,第 318~319 页。

方面与欧洲君权神授的观念密切相关。16—19世纪欧洲列强在亚洲的开拓与殖民,常常需要获得罗马教宗的谕令以获得"合法性",即以基督之名占有陌生世界的土地。[①] 传教士作为罗马教宗的使者,可以直接向罗马汇报亚洲的情形,因此他们不仅受到欧洲王室的优待,而且受到在亚洲的欧洲势力的尊重。

另一方面,当时基督教的"天命"(Providence[②])观念也为传教士的海外拓展提供了重要的理论支撑。根据本书第二章的讨论,在古代中国,"天命"为天子所领受,其余人只能被动接受而不能"逆天改命",但也唯有皇帝一人需要证明自己获得"天命"。与此明显不同,16世纪欧洲宗教改革后,基督教的"天命"作为一种大众信仰,使得信徒们都有确认自己是上帝选民的精神需要和心理压力。[③] 如同近代欧洲新教徒需要通过节俭禁欲

---

① 参见[英]罗杰·克劳利:《征服者:葡萄牙帝国的崛起》,陆大鹏译,北京:社会科学文献出版社,2016年,第16页;顾卫民:《葡萄牙海洋帝国史:1415—1825》,上海:上海社会科学院出版社,2018年,第110页。

② Providence也常常被翻译成神的旨意,简称"神意"。

③ 参见[英]基思·托马斯:《16和17世纪英格兰大众信仰研究》,芮传明、梅剑华译,南京:译林出版社,2019年,第112,125~126页。

和财富累积来完成这一证明①,传教士对外传播上帝信仰与扩大基督领地是"神意"最直接的自我彰显,因而也是获得"天命"的一种确证。换言之,传教士以上帝之名,既可以传教,也可以赚钱。

一般所言明清时期的欧洲传教士,多指天主教的耶稣会士。耶稣会在当时西方来华传教的教团中,势力与影响力最大。② 在中国拥有较高知名度的传教士利玛窦(Matteo Ricci)③、汤若望(Johann Bell)、南怀仁(Ferdinand Verbiest)④、郎世宁(Giuseppe Castiglione)⑤等人,皆是耶稣会士。传教士在亚洲的活动,自然带有很强的文化意涵,他们与伊斯兰教等当地流行的宗教展开竞争,也试图"开化"那些无宗教信仰的民众。在传教的过程中,他们与当地社会的积极互动,有效地传播了

① 这是社会学家韦伯(Max Weber)的经典论题。参见[德]马克思·韦伯:《新教伦理与资本主义精神》,康乐、简惠美译,桂林:广西师范大学出版社,2010年。

② 参见史习隽:《西儒远来——耶稣会士与明末清初的中西交流》,北京:商务印书馆,2019年,第7页。

③ 参见[美]史景迁:《利玛窦的记忆宫殿》,章可译,桂林:广西师范大学出版社,2015年。

④ 参见[美]史景迁:《改变中国:在中国的西方顾问》,温洽溢译,桂林:广西师范大学出版社,2014年。

⑤ 参见聂崇正:《郎世宁的绘画艺术》,北京:人民美术出版社,2017年。

欧洲的文化和价值观,并为欧洲国家在亚洲的经贸活动奠定了一定的社会基础。

　　总的来看,耶稣会士在东方的传教事业比新教传教士要更为成功。至少有三方面的因素对这种成功有贡献:首先,耶稣会士的选拔极为严格,不仅要求信仰虔敬、道德高尚,还要求才华出众、仪表堂堂,甚至还需从未结过婚,这样就可无家庭的拖累,全心奉献给耶稣基督。① 按此条件选出来的耶稣会传教士都称得上是当时欧洲第一流的人才。其次,和新教相比,天主教传教士的人数更多,他们也更早在东方进行开拓,而且在教堂建筑与宗教礼仪等方面更吸引亚洲的老百姓。② 最后,耶稣会士在长期传教的过程中发展出了非常有效的本地化策略。③ 这一策略旨在吸收和扩大当地的普通教众,在亚洲建立扎实的社会基础。策略的核心是学习当地的语言和文化,并努力将传教事业融入亚洲民众的日常社会生活中,包括开办和兴建各种公共事业。例

---

　　① 参见顾卫民:《葡萄牙海洋帝国史:1415—1825》,上海:上海社会科学院出版社,2018年,第153~154页。

　　② 参见顾卫民:《葡萄牙海洋帝国史:1415—1825》,上海:上海社会科学院出版社,2018年,第298页。

　　③ 有关这种策略在中国的体现,参见[美]孟德卫:《奇异的国度:耶稣会适应政策及汉学的起源》,陈怡译,郑州:大象出版社,2010年。

如,英国耶稣会传教士伯驾(Peter Parker)利用自己医学方面的才能帮助救治中国人,并以此促进在中国的传教事业。[1] 传教士通过这种本地化的策略,不仅很好地在亚洲促进了欧洲文化的传播,同时也将他们自己造就成最早期的汉学家和亚洲研究专家。

有关欧洲传教士在亚洲的成功,另外两种策略也有贡献。其一是与上述本地化策略并行不悖的"走上层路线"的策略,两种策略可以合称为"群众路线与上层路线相结合"。所谓"走上层路线",指的是在传教时注重接近和吸引亚洲社会的上层人士,并通过他们影响亚洲国家对待欧洲宗教的态度与政策。前述的汤若望、南怀仁与郎世宁等传教士即努力接近清朝宫廷的例子。在日本与印度,传教士也致力与当地的统治阶层保持良好关系,并尽可能地劝导他们信奉天主教。[2] 其二是教会注重传教事业在经济上的可持续性。这不仅包括从各方募集资金以建造教堂和传教士的居所,还通过直接或间接参与亚洲内部的贸易以获取资金。[3] 这使得传教士

---

① 参见[美]史景迁:《改变中国:在中国的西方顾问》,温洽溢译,桂林:广西师范大学出版社,2014年,第41~62页。

② 参见顾卫民:《葡萄牙海洋帝国史:1415—1825》,上海:上海社会科学院出版社,2018年,第164~166页。

③ 参见顾卫民:《葡萄牙海洋帝国史:1415—1825》,上海:上海社会科学院出版社,2018年,第164页。

在经济上具有相对独立性,因而不必总是仰赖欧洲的殖民者和商人们。从这个意义上来说,传教士在亚洲的宗教、文化与社会事业,有其独立的利益属性。其扩大基督领地的使命,一定程度上有别于欧洲国家在亚洲获取商贸势力范围的图谋。[①] 但是,传教士的努力客观上有助于欧洲在亚洲开拓贸易与建立殖民地,而且他们有时也直接参与其中。

还有一个文化渗透的渠道也不容小觑。葡萄牙和荷兰都鼓励派驻亚洲的男性雇员与本地的女性通婚,这其中就包括早先欧亚混血所生的女性。在当时亚洲的文化传统中,妇女和商业都是卑贱的,这使得很多当地女性不介意成为贸易商。而且,有志于从事贸易的妇女嫁给欧洲人,反倒是保护和拓展其商业利益的有效手段。而对于在亚洲的欧洲男性而言,这不仅解决了他们的婚配问题,也使得他们可以利用自身的有利条件在亚洲赚取更多的钱。[②] 久而久之,这便造就了一个特殊的利益群体,历史学家将他们称之为"已婚定居者"。他们

① 参见[美]杰里·本特利、赫伯特·齐格勒:《新全球史:文明的传承与交流(1000—1800 年)》(第 5 版),魏凤莲译,北京:北京大学出版社,2014 年,第 163 页。

② 参见[美]彭慕兰、史蒂文·托皮克:《贸易打造的世界:1400 年至今的社会、文化与世界经济》,黄中宪、吴莉苇译,上海:上海人民出版社,2018 年,第 70~74 页。

在亚洲内部的贸易中扮演着重要角色,有时由于自身利益的缘故而难免不受欧洲母国的牵制[1],但这并不妨碍他们自觉或不自觉地对亚洲定居地施加文化上的影响。

欧洲经营亚洲的地理因素制约

就国家的地理性格而言,与农耕王朝及陆地游牧相比,欧洲海洋帝国最大的特点就是因海洋流布全球而产生的"世界性",在现实中则表现出更强的地理扩张性。[2] 本书第三章第三节指出,古代中国有重文化归属而轻地域差异的倾向。两相比较,欧洲海洋帝国的扩张却是文化和地域并重的,因此对全球地缘格局的影响更加深刻持久。

但是,欧洲国家在经营亚洲乃至向全球扩张时,所面临的地理制约因素也显而易见,其中最大的问题是本国的人口数量太少。从表 6.1 可以看出,尽管 1400—

---

① 参见[美]桑贾伊·苏拉马尼亚姆:《葡萄牙帝国在亚洲:1500—1700》(第二版),巫怀宇译,桂林:广西师范大学出版社,2018 年,第 350~351 页。

② 参见[美]克里尚·库马尔:《千年帝国史》,石烨译,北京:中信出版社,2019 年,第 286~287 页。

1900年间欧洲的人口一直在增长,但是和亚洲的人口数量相比,双方的差距始终以亿计。与此形成鲜明对比的是,欧洲相对于美洲则始终拥有一定的人口数量优势。这种差别有力地解释了为什么欧洲能够通过向美洲大量移民的方式来经营,但在亚洲却做不到也行不通。根据已有的研究,欧洲和亚洲区域在人口数量方面的差距,主要源自两地粮食生产的条件和技术的差异,这是一个长期的累积效应所导致的结果。[1] 前面提到,葡萄牙鼓励在印度的葡萄牙人与当地的女性结婚。这同时也构成了一项重要的本地化策略。之所以这样做,主要还是因为葡萄牙本国可用于海外殖民的人口数量太少。[2] 荷兰的人口也非常有限,因此他们在亚洲采取和当地政权结盟的形式以确保对贸易的主导权。[3]

---

[1]　参见[美]贾雷德·戴蒙德:《枪炮、病菌与钢铁:人类社会的命运》,谢延光译,上海:上海译文出版社,2006年。

[2]　参见顾卫民:《葡萄牙海洋帝国史:1415—1825》,上海:上海社会科学院出版社,2018年,第119页;[美]珍·波本克、弗雷德里克·库伯:《世界帝国二千年:一部关于权力政治的全球史》,冯奕达译,新北:八旗文化/远足文化事业股份有限公司,2015年,第221页。

[3]　参见[美]杰里·本特利、赫伯特·齐格勒:《新全球史:文明的传承与交流(1000—1800年)》(第5版),魏凤莲译,北京:北京大学出版社,2014年,第196页。

表 6.1　1400—1900 年欧洲、亚洲和美洲人口数量比较

单位:百万

人口		1400年	1500年	1600年	1700年	1800年	1900年
亚洲	中国	70	84	110	150	330	415
	印度次大陆	74	95	145	175	180	290
	西南亚	19	23	30	30	28	38
	日本	9	10	11	25	25	45
	亚洲其他地区	29	33	42	53	68	115
	亚洲合计	201	245	338	433	631	903
欧洲	**欧洲合计**	52	67	89	95	146	295
美洲	**美洲合计**	39	42	13	12	24	165
	北美	3	3	3	2	5	90
	中南美洲	36	39	10	10	19	75
人口总计		292	354	440	540	801	1363

资料来源:根据［美］大卫·克里斯蒂安:《时间地图:大历史,130 亿年前至今》,晏可佳、段炼、房芸芳、姚蓓琴译,北京:中信出版社,2017 年,第 402~403 页的表格数据整理。

从纯地理的角度来看,欧洲国家在经营亚洲时,最看重的还是重要的贸易线路,以及这些线路所涉及的港口、岛屿或海峡。例如,在亚洲内部的贸易中,南海到日本的贸易航线在 17 世纪是荷兰与葡萄牙争夺的一个重点。霍尔木兹海峡与马六甲海峡更是欧洲国家争夺的重中之重,特别是对马六甲海峡的占有与控制,几乎可以看作是获得亚洲贸易主导权的重要标志。

　　另一个明显的地理制约因素是，大多数在亚洲经营的欧洲国家，其力量和技巧主要是海洋性质的，对于经营大陆地区普遍缺乏经验。它们的优势在亚洲国家的岛屿及沿海地区，因为海军力量在这些地方的统制性最为首要。历史经验一再证明，一旦这些欧洲海洋强国试图控制大陆地区，它们就很容易陷入失败。① 这一点对于它们是一个难题：只是占据沿海港口而对大陆腹地没有控制，所获得的利益不仅有限，而且缺乏安全保障。但对陆地的控制需要涉入当地政治，而资本主义不断扩张的本性与惯性势必会使得干预程度日益加深，它们消耗的资源逐渐会超过所获得的收益，最终无可避免地走向失败。② 以葡萄牙的失败为例，一个重要的教训就是

　　① 参见黄基明：《王赓武谈世界史：欧亚大陆与三大文明》，刘怀昭译，香港：香港中文大学出版社，2018 年，第 94～99 页。

　　② 著名历史学家保罗·肯尼迪（Paul Kennedy）指出，回顾过去五百年的大国兴衰史，过度的对外征战与扩张常常是导致大国衰落的重要原因。参见［英］保罗·肯尼迪：《大国的兴衰：1500—2000 年的经济变革与军事冲突》，王保存、王章辉、余昌楷译，北京：中信出版社，2013 年；张文木：《"麦金德悖论"与英美霸权的衰落》，《国际关系学院学报》2012 年第 5 期。

它们的资源和技术不足以应付过于漫长的战线。① 荷兰与英国在亚洲最终的失败，又何尝不是与此密切相关呢？

对我国更好经略印太地区的启示

明清时期欧洲经营亚洲的地理范围，大体上对应着当今西方战略界所热议的"印太"区域（参见第五章第二节）。近年来，美国、法国、德国等主要西方国家纷纷推出自己的"印太战略"，充分表明西方对这一地区的持续关注与重视，对我国也构成一定的战略压力。回顾本章所梳理的历史，有如下五点启示可供我国经略印太时参考。

第一，要充分把握西方国家与印太区域国家之间的矛盾，并将这种矛盾转化为对我国有利的工作条件。17世纪在取代葡萄牙成为亚洲贸易霸主的过程中，荷兰作为后来者，非常善于利用葡萄牙与亚洲国家之间的矛盾。例如，17世纪30年代，荷兰人向德川幕府"告密"，

---

① 参见[美]桑贾伊·苏拉马尼亚姆:《葡萄牙帝国在亚洲:1500—1700》(第二版)，亚怀宇译，桂林:广西师范大学出版社，2018年，第272~273页。

说侨居日本的葡萄牙基督徒联合葡萄牙人及本地藩主试图颠覆日本政权。由此日本决定禁止与葡萄牙的贸易,对日本的天主教进行清洗与查禁,并实行类似明清时期的海禁政策,断绝日本与外国的人员往来。[①] 一定程度上受益于前述的"告密"行为,荷兰得以与日本进行贸易谈判。在答应德川幕府不在日本传教的条件之后,荷兰便取代葡萄牙人垄断了欧洲与日本之间的贸易。[②]

第二,既要避免过度涉入印太区域国家的政治,但也要防止任由这些国家的政治发展损害我国的安全、政治和经济利益。从历史来看,涉入亚洲陆地国家与地区的政治时,如何保持合理的干预程度,是欧洲国家始终面临的重要难题。我国在经略印太区域的过程中,要充分注意到区域内国家的政治模式和政治生态复杂多样。完全不考虑或不涉入这些国家的政治,仅是"在商言商"的探讨经贸合作并希望获取经济利益,在多数情况下都会沦为不切实际的空想。但是我们也要汲取西方国家的前车之鉴:太深地涉入其他国家的政治,最终容易导致对外拓展的彻底失败。换言之,要在涉入其他国家政治与维护我国利益之间审慎平衡。

---

① 参见全汉昇:《明清经济史研究》,新北:联经出版事业股份有限公司,1987年,第45～46页。

② 参见顾卫民:《葡萄牙海洋帝国史:1415—1825》,上海:上海社会科学院出版社,2018年,第286～288,300页。

第三,从近代欧洲经营亚洲的历史来看,制造业优势和人口优势是一个国家安身立命与对外拓展的重要基础。中国应继续保持和发展强大的制造业与农业,高度警惕产业空心化及"去中国化"。2020年新冠肺炎疫情的暴发更加凸显了这一点的重要性。当前中国有一种错误的理论倾向,可以称其为"产业发展阶梯论",即机械地强调经济发展应不断提高第三产业在国民经济中的占比,并将此认定为经济向"更高阶梯"跃升的标志。在百年未有之大变局下,中国面临的国际形势复杂多变,继续保持农业的基础性地位和强大的工业制造能力,有利于中国应对激烈的国际竞争和各种战略风险,对于维护国家安全和经济安全具有重大意义。

第四,高度重视文化传播和文化"走出去",积极采取"群众路线与上层路线相结合"的策略,特别是注重利用非政府的力量不断提升我国在印太区域的软实力。文化的交流与传播以促进民心相通为要,应尽可能少地涉入当地政治。以史为鉴,对于16世纪葡萄牙在亚洲的经营而言,天主教的成功传播有利于葡萄牙人在这一区域的深耕。但如果宗教过多涉入当地政治,便容易引起本地政权及社群的警觉和担忧。① 上述葡萄牙在日

①　[法]弗朗索瓦·吉普鲁:《亚洲的地中海:13—21世纪中国、日本、东南亚商埠与贸易圈》,龚华燕、龙雪飞译,广州:广东新世纪出版社,2014年,第125页。

本的挫败就是一个很好的例子。

第五,经略印太地区应着眼于维护我国的安全和发展利益,要务实地制定策略并及时做出调整,始终确保战略目标的有限性。在海外拓展的过程中,要注重通过组织创新、制度创新与技术创新等方式激发市场力量,综合利用经济与非经济战略手段,统筹大国关系与周边关系,灵活运用双多边机制与合作平台,区分重点国别和重点领域,有计划、分步骤地推进。要尽力而为也要量力而行,该进则进,该退则退。既要防止战线过长导致战略重点不突出,也要防止战略目标过多过大使得战略资源捉襟见肘,最终导致目标顾此失彼或是难以实现。

第七章 在陆地游牧与海洋游牧之间

只要强国的海军坚持在中国沿海有自由行动的权利,中国的领导人就必须密切关注海军,与此同时又绝不能忘记,中国三分之二的边境在大陆上。即使在他们为应对未来的威胁而进行海上军备及其他复杂的备战时,强大的欧亚大陆传承仍会告诫他们,他们必须继续培养一种新的、均衡的全球史观。

——《王赓武谈世界史》①

历史一般不被认为是一门科学,通常都会被划归为人文学科。尽管寻找自然科学规律常常是一个艰辛的

---

① 参见[新加坡]黄基明:《王赓武谈世界史:欧亚大陆与三大文明》,刘怀昭译,香港:香港中文大学出版社,2018 年,中文版王赓武序第 xxviii 页。

探索过程,但从历史研究中去发现一般性规律也绝非易事。但人文学科知识之所以重要,在于它的反身性以及其与人类活动的交互性,即人文知识会影响人类的行为,而人类的行为又是人文知识的主体。正是由于这一特性,我们才会时常有"历史总是惊人相似,但却不会简单重复"之感。也正因为如此,我们才需要重视历史,因为历史可以影响未来。[①]

陆地游牧与海上游牧的差别

西方文化源自游牧社会,所以掠夺色彩一直非常鲜明。[②] 马克思批判资本主义的掠夺性更是众所周知的

[①] 有关这方面的理论研究,可以参考社会学家布迪厄(Pierre Bourdieu)的"惯习"理论。所谓"惯习",指的是历史和集体生活所造就的人的基本心智结构,个体通过这一结构方能理解社会世界的运作,进而影响甚至是控制了个体的行动,某种程度上也导致了现实社会世界的被塑造。参见[法]皮埃尔·布迪厄:《实践感》,蒋梓骅译,南京:译林出版社,2012年;[法]皮埃尔·布迪厄、华康德:《实践与反思:反思社会学导引》,李猛、李康译,北京:中央编译出版社,1998年。

[②] 参见吕思勉:《中国通史(彩图珍藏版)》,北京:中华书局,2015年,第566页。

事。德国史学家斯宾格勒(Oswald Spengler)指出,近代所谓的商业文化,不过是陆地游牧文化的一个变种。[①]据此,将第六章的欧洲国家称之为海上游牧实无不可。[②]欧洲的王室类似于蒙古的可汗与王公贵族,在亚洲从事贸易的私营商人与在中国劫掠的蒙古人差别也不大。

从本质上来说,贸易与征服既是以英国为代表的海上游牧之重心[③],也是以元朝为代表的陆地游牧之首务。只不过海上游牧看重贸易甚于征服[④],陆地游牧则通常将征服的利益置于贸易利益之前。之所以会有这种差别,是因为海上游牧的统治阶层可以通过促进贸易获得税收利益与商业利润,征服只是手段而非目的,并且征服本身便意味着为了贸易而付出军事代价。这种

---

① 参见钱穆:《中国历史精神》,北京:九州出版社,2012年,第 65 页。

② 麦金德(Halford Mackinder)将陆地游牧与海上游牧称之为陆狼(land-wolf)和海狼(sea wolf)。参见[英]哈·麦金德:《历史的地理枢纽》,林尔蔚、陈江译,北京:商务印书馆,2010年,第 46 页。

③ 参见[美]马娅·亚桑诺夫:《英国在东方的征服与收藏:1750—1850 年》,朱邦芊译,北京:社会科学文献出版社,2019 年,第 29 页。

④ 参见[英]詹姆斯·费尔格里夫:《地理与世界霸权》,胡坚译,杭州:浙江人民出版社,2016 年,第 162 页;[澳]王赓武:《1800 年以来的中英碰撞:战争、贸易、科学及治理》,金明、王之光译,杭州:浙江人民出版社,2015 年,第 36～40 页。

代价自然是越小越好。而陆地游牧的统治阶层从征服或军事胁迫中就可以直接获利，促进贸易只是为了维护陆地游牧普通阶层的生产和生活利益。但海上游牧与陆地游牧的这一差别无关宏旨，无妨将前者看作是后者的一种继承和发展。

从继承的地方来看，本书上一章所分析的海上游牧与第三章的陆地游牧，其抢掠和贪得无厌并无二致。譬如近代之英国，几乎永远都是在海外打仗。和陆地游牧一样，海洋游牧获得战利品后就带回国享用或收藏。[1]中国人近代最大的历史伤痕，莫过于欧洲那一群海上游牧对北京的洗劫，证据至今仍然保存在西方国家博物馆的收藏中。它们在印度也曾有类似的抢掠行为，表现出一种病态的"收藏"心理。[2]

和元朝经营东南亚采用古代中国的朝贡之法类似，海洋游牧民族也曾一度在印度洋实行过这种办法，但是游牧民族的贪得无厌最终使得这套办法难以为继。例如，16世纪葡萄牙称霸印度洋时，霍尔木兹先是给葡萄牙缴纳1.5万谢拉芬的岁贡，随后被要求增至2.5万。

[1] 参见[英]艾伦·麦克法兰：《现代世界的诞生》，上海：上海人民出版社，2013年，第24页。

[2] 参见[美]马娅·亚桑诺夫：《英国在东方的征服与收藏：1750—1850年》，朱邦芹译，北京：社会科学文献出版社，2019年，第168页。

葡萄牙在帮助霍尔木兹统治者武装镇压当地的一场叛乱后,岁贡又上涨到 6 万,最后又调高到霍尔木兹无法承受的 10 万。[①] 葡萄牙与霍尔木兹的故事,在古代中国与陆地游牧的关系史中也可以找到类似的版本(参见第三章)。再比如中国近代史上清朝对西方海洋游牧的战争赔款及分期支付,其实不过是早前古代中国对陆地游牧岁贡的另一种叫法。

从发展的角度看,海洋游牧相对于陆地游牧而言,一个明显的进步就是流动性更强。[②] 这在军事和贸易方面体现得最为明显。上一章论及海洋游牧发展出了武装商船,结合了军事和贸易两方面的流动性。这种有效的结合在陆地游牧那里从未出现过。元朝的统治者可能是最鼓励贸易的陆地游牧,但他们忙于征服,在贸易拓展方面比较依赖穆斯林等异民族商人。[③] 海洋游

---

① 参见[美]桑贾伊·苏拉马尼亚姆:《葡萄牙帝国在亚洲:1500—1700》(第二版),巫怀宇译,桂林:广西师范大学出版社,2018 年,第 136~137 页。

② 参见[英]哈·麦金德:《历史的地理枢纽》,林尔蔚、陈江译,北京:商务印书馆,2010 年,第 64 页。

③ 这实际上是元朝统治者和其他少数商人之间的一种优势互补。前者的优势在武力征服方面,后者的优势在于贸易方面,二者最后形成一种"伙伴式"的合作关系。参见[美]珍·波本克、弗雷德里克·库伯:《世界帝国二千年:一部关于权力政治的全球史》,冯奕达译,新北:八旗文化/远足文化事业股份有限公司,2015 年,第 159 页。

牧依靠军事流动性（机动性）和贸易流动性的有效结合与相互增强，通过海路运输了大量的货物，其在数量、种类与价值方面绝非陆地游牧通过陆路运输可以相比。在陆地游牧那里，"点"比"线"①更重要，"线"以"点"为依归。但在海洋游牧那里，"线"和"点"②都重要，二者互为依存。这种点线结合的思维，有助于加强海洋游牧的流动性。

　　和陆地游牧与海洋游牧相比，古代中国的汉族王朝更重视"点"，"线"的重要性相对没有那么突出。③ 因此在流动性上，汉族王朝不如游牧政权。第三章已经说明，古代中国是典型的农耕政权，在地理的流动性方面天然地不如陆地游牧政权。汉族在文化传统上安土重迁，对不动（田）产的追求几近痴迷。这也影响了汉人王朝及其农耕民的流动性。在北部陆地边疆区域，农耕王朝与游牧民族对峙时，军事上长期处于守势。此外，农耕王朝经济方面也自给自足，不那么依赖与少数民族的贸易。

　　与同时期欧洲的海洋游牧相比，明清两朝的流动性日渐落后，与欧洲的差距越拉越大。这可为明清时期欧

---

　　① 此处所言"点"即不同的放牧地和可以劫掠的农业定居点；"线"即迁徙和移动的路线。

　　② 此处所言"线"即贸易线路；"点"即港口、岛屿和殖民地等。

　　③ 参见［英］彼得·阿迪：《移动性》，戴特奇译，北京：北京师范大学出版社，2020年，第42页。

洲和中国的"大分流"提供另一种解释。在安全方面,如前所述,武装商船极大地提高了欧洲海洋游牧的流动性,而同时期的明朝和清朝缺乏这样的进展,总体上仍处于被动防御的状态。在经贸方面,海洋游牧本就是因商业和贸易而生。他们对贸易和商业财富的追求,与农耕民对不动产的痴迷,几乎不相上下。明清两朝承袭了古代中国的"重农抑商"传统,未能主动融入世界经济体系,商贸的发展和欧洲相比十分有限,错失了成为全球化主导者的重大机遇。在文化方面,海洋游牧的基础是海洋航行,自然十分推崇流动性,特别是鼓励人口和货物的流动。但古代中国农耕经济的基础是土地和土地上的农民,不太容易产生像海洋游牧那样鼓励流动的文化。海陆地理方面的差异自不必说,陆地的流动性就是天然地不如海洋。

　　概而言之,古代中国农耕王朝的流动性优势不及陆地游牧,与海洋游牧相比差距则更大。此外,注意到中国南北方的流动性差异也十分重要。从古代中国的内部来看,唐朝之后古代中国经济重心的南移,很重要的一个原因是中国南方的流动性优势随着海外贸易的发展而日渐凸显。和北方的地理相比,南方的水系比较发达,有利于更便利地联通内陆腹地与沿海地区的经贸。但与同时期欧洲流动性的快速增强相比,古代中国南方的流动性优势仍旧处于从属地位。古代中国将与西方通商的口岸大多数都限定在了南方,这使得明清时期中国的南方沿海地区更容易融入世界经济体系。仔细品读这一段历史,常给人以"草蛇灰线,伏脉千里"之感。中华民国的缔造、现代中国的建立以及当代中国的改革开放,几乎均肇始于南方,这绝非偶然。

"向陆"还是"向洋"

在地缘战略理论领域,有关一个国家在可选择的情况下应如何确定自己的地缘发展方向,即到底是"向陆"(向陆地发展)还是"向洋"(向海洋发展),主要存在陆权论、海权论与边缘地带论等三种学说。[①]

英国作为"日不落"帝国,在其盛极而衰的过渡期,英国学者麦金德于 19 世纪末至 20 世纪初提出了后世称之为"陆权论"的理论。[②] 这一理论最经典的概括

---

① 参见吴征宇:《地理战略论的分析范畴与核心命题》,《太平洋学报》2017 年第 1 期。

② 参见[英]哈·麦金德:《历史的地理枢纽》,林尔蔚、陈江译,北京:商务印书馆,2010;[英]哈福德·麦金德:《民主的理想与现实:重建的政治学之研究》,王鼎杰译,上海:上海人民出版社,2016 年。

如下：

> 谁统治东欧,谁就能主宰心脏地带;
> 谁统治心脏地带,谁就能主宰世界岛;
> 谁统治世界岛,谁就能主宰全世界。[1]

考虑到麦金德发表上述见解时,英国仍处于称霸亚洲乃至全球的时期,他不可能不理解海洋的重要性。麦金德对"陆权"和"心脏地带"的重视,恰恰是因为他看到了海洋霸权需要以陆地为基础。[2] 他敏锐地预感到,现代铁路与工业力量的兴起,将会使得苏联这样的陆地强国有可能向大陆边缘地区扩张[3],最终会对已有的海洋

---

[1] 参见[英]哈·麦金德:《历史的地理枢纽》,林尔蔚、陈江译,北京:商务印书馆,2010 年,第 14 页。麦金德所说的"心脏地带",指的是欧亚大陆的中心地区(主要是草原地带,也包括一些沙漠和绿洲,大体上对应着今天的俄罗斯和中亚地区),"世界岛"指的是欧亚非大陆。参见[英]哈福德·麦金德:《民主的理想与现实:重建的政治学之研究》,王鼎杰译,上海:上海人民出版社,2016 年,第 179~182,95,71 页。

[2] 参见强世功:《地缘政治战略与世界帝国的兴衰——从"壮年麦金德"到"老年麦金德"》,《中国政治学》2018 年第 2 期,第 96 页。

[3] 参见[英]哈·麦金德:《历史的地理枢纽》,林尔蔚、陈江译,北京:商务印书馆,2010 年,第 68、13 页。

霸权形成挑战①。有鉴于此，麦金德实际上主张一种"均势原则"，即强调在欧亚大陆的陆地国家与其他海洋国家之间维持力量平衡，避免其中的任何一方获得优势地位，否则大英帝国的霸权将会受到威胁。② 从这个角度来说，麦金德称得上是最早提出"陆海统筹"理论的地缘政治学家，说他只重视"陆权"而否定"海权"是不公允的。③

美国海军上校马汉（Alfred Mahan）回顾了 17 世纪中叶至 19 世纪初欧洲国家间的争斗史，在总结英国世界霸权的基础上形成了"海权论"。④ 事实上，"海权论"的提出要稍早于麦金德的"陆权论"。人们一般习惯用

---

① 参见[英]哈·麦金德：《历史的地理枢纽》，林尔蔚、陈江译，北京：商务印书馆，2010 年，第 15 页。

② 参见科林·弗林特、张晓通：《"一带一路"与地缘政治理论创新》，《外交评论》2016 年第 3 期。

③ 参见吴征宇：《地理战略论的分析范畴与核心命题》，《太平洋学报》2017 年第 1 期。

④ 参见[美]艾尔弗雷德·塞耶·马汉：《海权对历史的影响（1660—1783 年）（附〈亚洲问题〉）》，李少彦等译，北京：海洋出版社，2013 年；[美]艾尔弗雷德·塞耶·马汉：《海权对法国大革命和帝国的影响：1793—1812》，李少彦等译，北京：海洋出版社，2013 年；[美]艾尔弗雷德·塞耶·马汉：《海权与 1812 年战争的关系》，李少彦等译，北京：海洋出版社，2013 年。

"谁控制了海洋，谁就控制了世界"作为对"海权论"的总结[1]，但这样的概括未免过于简单。马汉区分了陆权和海权两种力量类型[2]，他的"海权论"一方面强调海上交通相对于陆路交通的经济性与便捷性[3]，另一方面重视在海洋经济与海军力量方面获得相对于其他国家的压倒性优势[4]。具体而言，影响这一优势构建的因素主要包括：地理位置、自然结构、领土范围、人口数量、民族特点、政府行为。[5] 马汉主张，与陆上优势相比，拥有绝对的海上优势更能对全球事务产生影响力。因此，为了更好地促进经济发展与国家安全，一个国家在条件允许的

———————

[1]　参见李家成、李普前：《马汉"海权论"及其对中国海权发展战略的启示》，《太平洋学报》2013 年第 10 期。

[2]　参见[美]艾尔弗雷德·塞耶·马汉：《海权对历史的影响（1660—1783 年）（附〈亚洲问题〉）》，李少彦等译，北京：海洋出版社，2013 年，第 470～472 页。

[3]　参见[美]艾尔弗雷德·塞耶·马汉：《海权对历史的影响（1660—1783 年）（附〈亚洲问题〉）》，李少彦等译，北京：海洋出版社，2013 年，第 19 页。

[4]　参见吴征宇：《地理政治学与大战略》，北京：中国法制出版社，2012 年，第 28 页。

[5]　参见[美]艾尔弗雷德·塞耶·马汉：《海权对历史的影响（1660—1783 年）（附〈亚洲问题〉）》，李少彦等译，北京：海洋出版社，2013 年，第 21～61 页。

情况下应该尽可能地"向洋"发展。[①]

　　简言之,马汉强调的是美国应像英国那样努力成为主导性的"海上强国"(sea power),麦金德则在提醒英国要警惕"陆地强国"(land power)对"心脏地带"的控制。而荷兰裔美国学者斯皮格曼(Nicholas Spykman)则更重视边缘地带的"海陆复合型强国"。如果比照对麦金德"陆权"理论所做的概括,那么斯皮格曼的边缘地带论便可以总结为:

　　　　谁控制了边缘地带,谁就统治了欧亚大陆;

　　　　谁统治了欧亚大陆,谁就掌控了整个世界的命运。[②]

　　需要指出的是,斯皮格曼理论的时代背景主要是20世纪的两次世界大战,其主要关注的是在欧亚大陆的东西两端,同时具备陆海两种地缘特征的边缘地带强国(如法国和中国)。斯皮格曼认为,并不存在麦金德理论中那样单纯的"海洋强国"与"陆地强国"间的对抗。

---

　　① 参见吴征宇:《地理政治学与大战略》,北京:中国法制出版社,2012 年,第 33 页。
　　② 参见[美]尼古拉斯·斯皮克曼:《和平地理学:边缘地带的战略》,俞海杰译,上海:上海人民出版社,2016 年,第 58 页。

边缘地带的"海陆复合型强国",不仅有可能与传统的"海洋强国"或"陆地强国"结盟对抗另一方及其在边缘地带的盟友国家,也有潜力成为主导性的边缘地带国家并与"海洋强国"或"陆地强国"直接对抗。① 对于美国的安全利益而言,最紧要的是通过结盟和围堵等外交策略,阻止"海陆复合型强国"在欧亚大陆的东面或西面出现。②

　　站在古代中国的角度,必须对麦金德、马汉、斯皮格曼三人的地缘战略理论之适用性进行合理的批判。第一,这三人的理论并非站在中国的立场上去思考问题。即便是当斯皮格曼的理论谈到"海陆复合型强国"时,中国也只是作为一个被防范的对象而出现。③ 第二,他们的理论所涉及的历史时段与重大事件各不相同,和古代中国漫长的历史并没有多少重合,因此直接套用"海权论""陆权论""边缘地带论"存在风险。第三,他们的理

――――――

　　① 参见[美]尼古拉斯·斯皮克曼:《和平地理学:边缘地带的战略》,俞海杰译,上海:上海人民出版社,2016年,第57～58页。

　　② 参见[美]尼古拉斯·斯皮克曼:《和平地理学:边缘地带的战略》,俞海杰译,上海:上海人民出版社,2016年,第79～80页。

　　③ 参见[美]尼古拉斯·斯皮克曼:《和平地理学:边缘地带的战略》,俞海杰译,上海:上海人民出版社,2016年,第79页。

论,在理解国家的兴衰变迁时常常带有命定论或地理决定论的色彩。由于缺乏超越地理维度的理论整合,三人理论间的矛盾和冲突很难消弭,更不用说去解释和批判古代中国的地缘战略选择了。

更强的流动性才是问题核心

不过,当我们思考处在陆地游牧与海洋游牧之间的古代中国应该向何处去时,上述地缘理论对于流动性的强调是有启发的。正如电影《功夫》里的台词:天下武功,无坚不摧,唯快不破。历史上的地缘竞争无一不是流动性优势的较量。但是,"陆权论""海权论""边缘地带论"在谈及流动性时偏重于军事和交通领域[①],而且流动性也并非这些理论的核心。

从前述古代中国农耕王朝与陆地游牧及海洋游牧

① 参见[美]艾尔弗雷德·塞耶·马汉:《海权与 1812 年战争的关系》,李少彦等译,北京:海洋出版社,2013 年,第 19～20,472～473 页;[英]哈·麦金德:《历史的地理枢纽》,林尔蔚、陈江译,北京:商务印书馆,2010 年,第 12～13,58 页;[美]尼古拉斯·斯皮克曼:《和平地理学:边缘地带的战略》,俞海杰译,上海:上海人民出版社,2016 年,第 53,72～77 页。

的比较来看,不难理解更强的流动性才是地缘优势的核心。国家的流动性优势不仅体现在军事和交通维度,也体现在经贸和文化维度,是一种综合的流动性优势。传统的地理因素在地缘优势中的比重正在下降,时代与技术的发展正在深刻地改变地缘优势的表现形式。必须澄清,这样的论断并非旨在否定传统的陆权或海权思维,而是强调从流动性优势的角度,可以更好地理解陆权和海权为什么重要。就此而言,流动性优势是对上述三种地缘战略理论的一种深化和补充。

结合本书前面章节的讨论,一个国家综合的流动性优势应至少包括安全、经贸、文化、地理四个方面。从安全方面的流动性优势来看,古代中国在军事方面大多数时候都不如陆地游牧与海洋游牧,因此总体上处于防御甚至是被动挨打的状态。

在经贸方面,流动性主要考量商品、货物和货币的流通情况。和陆地游牧与海洋游牧相比,古代中国在经贸领域的流动性评估需要考虑历史时期与南北差异。一是宋元明清时期中国沿海地区有着非常发达的对外贸易,经贸领域的流动性较强。① 二是相比古代中国的北方,唐朝之后南方经济有着更强的流动性,因为后者

---

① 参见[澳]王赓武:《1800 年以来的中英碰撞:战争、贸易、科学及治理》,金明、王之光译,杭州:浙江人民出版社,2015年,第 33 页。

有着更为发达的水系和更活跃的经济。此外,明清时期白银的广泛使用促进了中国融入当时的世界经济体系。但问题是,中国生产这种货币的能力和条件相较西方国家来说并不占优势,白银进入中国后更多参与国内经济循环以及用于财富积累。这一定程度上减损了明清两朝在全球经贸领域的流动性。

在文化方面,对外来文化的吸收与包容当然是流动性的重要体现,此外也应将社会阶层的流动性考虑在内。就后一点而言,这是古代中国科举制度的优势所在,即通过层层考试从一般社会阶层中选拔出文人精英来辅助皇帝治理国家。但是当阶层出现固化时,这种流动性优势就减少了。有关这一点,葡萄牙海军在 17 世纪的衰败也可以提供例证。葡萄牙在 16 世纪原本拥有欧洲最强的海军力量,但在 17 世纪时,葡萄牙在选拔海军军官时日益重视家庭出身,同时期的荷兰在选拔时则更加看重军人的实战经验与战斗能力。如此一来,葡萄牙的海军力量很快被荷兰所超越。[1]

在地理的流动性方面,古代中国很难与同时期的陆地游牧或海洋游牧相提并论,这既体现在交通方式与交通工具的便捷性上,也体现在财富的流动性上。古代中国的老百姓偏爱田地和房屋等不动产,而陆地游牧和海

---

① 参见顾卫民:《葡萄牙海洋帝国史:1415—1825》,上海:上海社会科学院出版社,2018 年,第 293～294 页。

洋游牧则通过对其他地方的劫掠来获得流动性较强的财富。即便对于那些不能直接或间接参与抢劫①的游牧民来说，也可通过与农耕民的贸易来获得流动性强的财富，比如陆丝和海丝贸易线路上的一些交易物品。这种差别是如此深刻，影响甚至延续至今。中国人如今依旧热衷于投资房产等不动产，而西方的金融市场更为发达，老百姓也更青睐投资股票和基金等流动性强的资产。

　　如果将古代中国各方面的流动性作为一个基准，然后再比较它与陆地游牧和海洋游牧在流动性优势方面的量级差别，那么根据此前章节的有关分析，我们大致可以绘制出表 7.1 并得到以下结论：古代中国和陆地游牧相比，在综合的流动性优势方面稍逊一筹，但相差并不太大，所以基本上能够维持一个拉锯平衡的局面。但是和明清时期欧洲的海洋游牧相比，古代中国的确在综合的流动性优势方面存有较大差距，因而在较长的时间内都无法与海洋游牧相抗衡。

**表 7.1　古代中国与陆地游牧和海洋游牧的
流动性优势比较示意**

	安全 （军事）	经贸 （货物）	文化 （阶层）	地理 （交通）	综合的 流动性
陆地游牧	1	1	−2	1	1
古代中国	0	0	0	0	0
海洋游牧	2	2	−1	2	5

　　表 7.1 只是一种比较示意，更深入的分析应该回到每一个具体的历史时期，全面评估和比较古代中国与陆地游牧或海洋游牧间的流动性差异。随着明清时期全球体系的逐渐形成，与海洋相关的流动性（包括战舰、货船、商品、人员、资本、货币等方面）既是全球化最重要的表征，更是一个国家地缘竞争优势与国家能力建设的核心。然而，这并不是说与陆地有关的流动性就不重要，只是相比海洋而言没那么重要。但是对于像明清中国这样海陆复合型的边缘地带国家，增强与海洋有关的流动性，的确是当时更为紧迫的任务。个中原因在于，明清两朝虽然相比其他陆地游牧拥有一定的流动性优势；但与同时期的欧洲海洋游牧相比，流动性方面的差距却在越拉越大。即便对于近现代乃至今日之世界，流动性优势的视角仍可以对不同国家间的较量提供有说服力的解释。

对构建地缘竞争优势的启示

近代以来,中国一直在学习和赶超西方国家,这一追赶的过程催生了当今世界百年未有之大变局。从中华民族伟大复兴的战略全局出发,当前中国应以构建流动性优势为核心,坚定不移地推动"一带一路"建设,积极推进国内改革与国际发展,加快形成国内国际双循环相互促进的新发展格局。

本书四维度的分析框架和本章所提的流动性优势理论,也有利于更好地推进"一带一路"建设。"五通"作为"一带一路"倡议的核心内容①,其中的"政策沟通"与本书所提的安全维度有关联,"设施联通"与地理维度关系密切,"贸易畅通"与"资金融通"属于经贸维度,"民心相通"则与文化维度密不可分。考虑到"五通"中的"通"实质上也是一种流动性,在我国推进"一带一路"建设的过程中,应将是否有利于加强中国的流动性优势作为一条基础性的工作原则。此外,就巩固和提升地缘竞争优

---

① 参见国家发展改革委、外交部、商务部:《推动共建丝绸之路经济带和21世纪海上丝绸之路的愿景与行动》,北京:人民出版社,2015年。

势而言,中国还应注重如下四个方面的综合平衡。

第一,要注重海、陆、空、天、电、网等多个地缘空间维度的平衡。中国作为海陆复合型的国家,在海路和陆路等不同的地缘方向既面临机遇,也有挑战。在资源和能力有限的情况下,需要把握好重点方向与重点领域,并随着形势的变化及时做出调整,在构建和促进安全、经贸、文化、地理的流动性方面,努力做到统筹兼顾,从而提高中国相对于海洋游牧与陆地游牧的综合流动性优势。随着全球气候变暖,北冰洋航线的开通将会增强区域内大国的海洋流动性优势。[1] 除了研究和应对这类地缘流动性优势的重大变化之外,还应该深入分析数字通信与交通技术等领域的发展对于空间和地缘概念的深刻改变。这要求一方面与时俱进地提升在空、天、电、网等领域的流动性优势[2],另一方面也要注意到这些新兴地缘领域对传统的海陆地缘的影响,努力做到趋利避害、化危为机。

第二,要注重历史、现实和未来的平衡。古代中国经略周边的漫长历史,对于当今中国构建地缘竞争优势

---

① 参见[美]詹姆斯·斯塔夫里迪斯:《海权:海洋帝国与今日世界》,蒋宗强译,北京:中信出版社,2019年,第223～254页。

② 参见吴征宇:《地理战略论的分析范畴与核心命题》,《太平洋学报》2017年第1期。

来说,既是一笔宝贵的精神财富,但也有可能造成历史的惯性,从而影响我们对现实情况的判断或是阻碍我们做出必要的改变。举例来说,正如本书第四章所分析的那样,古代中国对东南亚的重视程度一直非常有限,但是当前东南亚对于中国的重要性已有很大提升,而在实践中扭转人们的认识和行为却并非易事。除了思考中国自身的历史之外,还要研究那些强大的陆地游牧与海洋游牧政权的兴衰史,特别是它们与中国以及其他主要国家间的关系史,以此促进中国对世界强国的认识,并且从中汲取经验教训。这对于中国当前和未来妥善处理与其他大国间的关系至关重要。也唯有如此,我们方能更好地理解和把握中国与世界的关系从何处来,何以演变至此,又要向何处去。

　　第三,要注重安全利益、发展利益与文化利益的平衡。在经略周边及处理与世界的关系时,中国须构建以安全利益为保障、以发展利益为核心、以文化利益为基础的利益平衡观。从古代直至今日,中国在追求和平与发展的道路上有过各种各样的探索,其中非常重要的一条经验就是,如果我们的安全利益受损,那么发展利益就很难得到保障。即便有时我们策略性地以"经济换和平",也仍须通过强化自身的军事或防御优势来稳固安全利益,从而才能真正确保国家的发展利益。此外,还须充分认识到,中国的文化利益是安全利益与发展利益

203

的重要基础,求同比存异更加重要。因此,既要学习其他国家的先进文化,也要努力提升中国文化对其他国家的影响力,不断增强中国的软实力,积极构建人类命运共同体。

第四,要注重国内利益与国际利益的平衡。古代中国长期有重国内利益、轻国际利益的倾向。这主要是由于中国古代自给自足的经济形态所造成的。随着当今中国深度融入全球化体系,中国的国内利益与国际利益的联系越来越紧密,中国的国际利益也日渐广泛且突出。此时我们也要防止重国际利益、轻国内利益的错误做法。在发展的过程中,我们必须坚定不移地继续扩大对内对外开放,坚决反对各种形式的保护主义,既不能为了一时的国内利益而过度牺牲我们的国际利益,也不能一味为了追求国际利益而罔顾国内利益主体的诉求,要妥善处理好改革开放与发展稳定之间的关系。

附录

古代中国外交体系的四种理论视角①

　　有关中国古代的外交,过去主要是国内的历史学家和海外的汉学家比较感兴趣。随着改革开放之后中国的全球影响力越来越大,许多政治学家和国际关系领域的学者也开始注重研究古代中国的外交哲学,尤其关注这种哲学对当今中国世界秩序观的影响。就古代中国的外交体系而言,现有研究可归纳概括为如下四种理论视角。

　　第一种是"内外服"之辨,起源于商周时期的国家结构研究。一般而言,"内服"以商王或周天子为核心,包括他们直接控制和管理的王室贵族和臣僚百官。享有

---

　　①　本附录是一文献回顾,可见于盛思鑫:《中国为什么传统上不重视东南亚》,《厦门大学学报(哲学社会科学版)》2019年第 5 期。

相同的教化与文化同是内服的重要特征。① 从地理上来说,"外服"通常指内服之外的封建诸侯国或异民族地区②,后者在《礼记》中被称为东夷、南蛮、西戎、北狄③。受自然地理和交通条件等因素的限制,商王或周天子一般只能对外服地区进行间接统治,内外服之间实质上是一种不平等的政治和军事联盟④,外服须定期向商王或周天子朝拜纳贡,但在统治和文化上均享有较高程度的

---

① 有观点认为内服仅包括王畿之地,此说参见瞿同祖:《中国封建社会》,上海:上海人民出版社,2005 年,第 53 页;但也有观点认为内外服仅指"邦族种姓之分",内服即邦内,此说可参考王冠英:《殷周的外服及其演变》,《历史研究》1984 年第 5 期;亦有观点在论及商朝的内服时将王畿和王邦混同,强调商王对内服的直接控制,此说参见王震中:《论商代复合制国家结构》,《中国史研究》2012 年第 3 期。

② 就外服而言,《尚书》有五服之论,《周礼》有九服之说,其中最外者分别称"荒服"和"藩服",但是每一服的区分和地理范围的大小较为模糊。参见瞿同祖:《中国封建社会》,上海:上海人民出版社,2005 年,第 53～56 页。有关商周时期的封建诸侯和被征服的外邦族方国均属于外服的情况,参见刘源:《"五等爵"制与殷周贵族政治体系》,《历史研究》2014 年第 1 期;王震中:《论商代复合制国家结构》,《中国史研究》2012 年第 3 期。

③ 参见贾太宏译注:《礼记》,北京:西苑出版社,2016 年,第 166～167 页。

④ 参见王震中:《论商代复合制国家结构》,《中国史研究》2012 年第 3 期。

"自治"①。从历史来看,"内外服"的概念对汉唐的"羁縻"之策和元明清时期的"土司"制度有较大影响。② 在内外服的划分中,周朝对血缘邦族和地理因素比较强调,秦汉以后则更强调政治制度和文化相似度。"内外"的确是古代中国外交体系的重要基础,但现有研究对何时何者为"内"或"外"缺乏清晰的认识。③

　　第二种是中国中心论,是费正清和许倬云等海外汉学家对秦朝之后古代中国世界秩序观的理解与概括。④ 这一理论基于下列前提:无论是从客观实际还是从主观想象出发,古代中国的文明程度和生产方式都要比其他

_____

　　① 参见王宇信、徐义华:《商代国家与社会》,北京:中国社会科学出版社,2011 年,第 340～341 页;王冠英:《殷周的外服及其演变》,《历史研究》1984 年第 5 期。

　　② 参见杨联陞:《国史探微:宏观视野下的微观考察》,北京:中信出版社,2015 年,第 11～14 页;[日]上田信:《讲谈社·中国的历史 09·海与帝国:明清时代》,高莹莹译,桂林:广西师范大学出版社,2014 年,第 121～125 页。

　　③ 造成这种混淆的一个原因可能是文字性的,例如"藩"和"贡"等词语在古代中国的内外事务中都有广泛使用。参见[美]费正清:《中国的世界秩序:传统中国的对外关系》,北京:中国社会科学出版社,2010 年,第 8～9 页。

　　④ 参见[美]费正清编:《中国的世界秩序:传统中国的对外关系》,杜继东译,北京:中国社会科学出版社,2010 年,第 1～17 页;许倬云:《我者与他者:中国历史上的内外分际》,北京:生活·读书·新知三联书店,2015 年,第 20 页。

民族更为优越。因此,古代中国是而且应当是世界秩序的核心,至少是同时代东亚地区的中心。更具体地说,古代中国的外交关系大体上是以中国为中心的一个多圈层等级结构:最内圈是汉字圈,包括朝鲜、越南、日本和琉球群岛等文化相同的属国;其次是内亚圈,主要包括亚洲内陆的游牧民族和部落政权;再次是外圈,如东南亚、南亚以及欧洲等重洋远隔的地区。[①] 尽管这种"中心—外围"的结构似乎与古代中国强盛时的情况比较相符,但实际上即便是汉、唐和宋等朝代也并不缺乏平等对待异民族政权的案例,更不用说古代中国经常被游牧民族打败的史实。[②] 此外,僵化地划定中心之外各圈层的地理范围也不利于理解中国的世界秩序观在不同时期的变化。

第三种是朝贡体系理论,主要着眼于古代中国强盛时期的对外关系。一般认为,中国古代建构朝贡体系(或称之为"华夷秩序")的努力始于汉代,兴于隋唐,盛极明清,[③]其中的异民族政权也常被称为"藩属"或"臣

---

① 参见[美]费正清编:《中国的世界秩序:传统中国的对外关系》,杜继东译,北京:中国社会科学出版社,2010年,第2页。

② 参见杨联陞:《国史探微:宏观视野下的微观考察》,北京:中信出版社,2015年,第1~3页。

③ 参见何芳川:《"华夷秩序"论》,《北京大学学报(哲学社会科学版)》1998年第6期。

国",它们通常需要接受古代中国皇帝的委任和册封,使用中国的历法和年号(奉正朔),并定期携礼按仪轨朝觐天子。① 王赓武指出,朝贡体系的核心是中国人以"德"为基础的优越感,异民族政权对这种优越感的认同往往取决于中国的军事和物质力量。② 从古代中国的角度来看,主动将一些异民族政权纳入朝贡体系常常是基于经略周边和国家安全的考虑,此外并不应直接谋求拥有更多朝贡国③,因为朝贡国家数量的多寡主要与"政德"和"天命"的盛衰有关。尽管朝贡体系内其他国家对儒家这些传统观念的接受程度不一,但是这些国家的确可以从与中国的朝贡关系中获得贸易特权和安全保障等方面的利益④,这也是朝贡体制维持吸引力的重要原因。朝贡体系理论有助于理解古代中国国际影响力变

---

① 参见[美]费正清编:《中国的世界秩序:传统中国的对外关系》,杜继东译,北京:中国社会科学出版社,2010 年,第 9 页。

② 参见[澳]王赓武:《天下华人》,广州:广东人民出版社,2016 年,第 53～55 页。

③ 但是明朝永乐帝是个例外,他曾派遣郑和等使节远航海外,努力将朝贡关系发展成包含更多国家的世界性秩序。参见[澳]王赓武:《天下华人》,广州:广东人民出版社,2016 年,第 67～69 页。

④ 参见[美]马克·曼考尔:《清代朝贡制度新解》,载[美]费正清编:《中国的世界秩序:传统中国的对外关系》,杜继东译,北京:中国社会科学出版社,2010 年,第 60～76 页。

化的过程,但无法解释中国如何处理与朝贡体系外国家的关系,如处在古代中国朝贡体系边缘地带的日本就不太好用朝贡体系理论来解释。即便是朝贡体系内的国家,朝贡理论也很难解释古代中国外交体系重点和非重点地区的形成与变化及其原因。

第四种是"天下"秩序观。随着中国在 21 世纪的崛起,一些历史学家、国际关系学者和公共知识分子努力用中国历史的"天下"传统来解释或理解当代中国的世界观。[①] 通常来说,天下是领有天命[②]的天子治下的疆域,中国相比天下而言是一个更为狭小的概念。[③] 从历史来看,天下所指称的地理空间不是无限和固定的,它从先秦到汉朝经历了一个逐步扩大的过程,最终包括四海和九州方圆万里的范围,覆盖了中国以及周边与中国有

[①] 参见[美]柯岚安:《中国视野下的世界秩序:天下、帝国和世界》,载赵汀阳编:《天下体系:世界制度哲学导论》,北京:中国人民大学出版社,2011 年,第 129~130 页。这些学者包括王赓武、赵汀阳、许纪霖、郑永年等,本书引用了他们的有关作品。

[②] 在古代的意识形态中,"天下"与"天命"和"天子"是紧密联系在一起的。天命只能授予居住于"中国"的王者,在他得到正统之后才成为天子。参见许倬云:《西周史:增补二版》,北京:生活·读书·新知三联书店,2012 年,第 114 页。

[③] 参见[澳]王赓武:《更新中国:国家与新全球史》,黄涛译,杭州:浙江人民出版社,2016 年,第 14~15 页。

分封或朝贡关系的蛮夷狄戎国家。[①] 在汉之后的朝代，总有一些国家无法被中国纳入至朝贡体系，那些国家在历史的语境中并不属于当时天下的范畴。[②] 从天下的概念出发，中国无疑是天下的核心，朝贡制度则被认为是古代中国处理与其他异民族政权关系的基本方式，并且朝贡体系的扩张在多数情况下并非中国通过主动的武力征服来实现的，天下的形成被理解成一种自然而然的过程。[③] 根据"示无外"的文化传统，古代中国力求平等对待天下体系内的一切外国，并将它们一律看成是要比中国地位低的政权。[④] 天下秩序观的缺陷显而易见，不仅

---

① 参见［日］渡边信一郎：《中国古代的王权与天下秩序：从日中比较史的视角出发》，徐冲译，北京：中华书局，2008 年，第 70～72 页。

② 参见许纪霖：《家国天下：现代中国的个人、国家与世界认同》，上海：上海人民出版社，2017 年，第 36～37 页。

③ 参见郑永年：《中国国家间关系的构建：从"天下"到国际秩序》，《当代亚太》2009 年第 5 期，第 49、59 页。尽管天下这一概念十分强调中国的文明、道德与礼仪对其他异民族地区的教化和影响，但是却并不包含文化征服异民族的企图，反倒是承认文化的多样性以及与中国文化的兼容性。参见赵汀阳：《天下的当代性：世界秩序的实践与想象》，北京：中信出版社，2016 年，第 78～80 页。

④ 参见［澳］王赓武：《明初中国与东南亚的关系：背景分析》，载［美］费正清编：《中国的世界秩序：传统中国的对外关系》，杜继东译，北京：中国社会科学出版社，2010 年，第 56 页。

无法解释中国不少朝代都必须平等对待敌国甚至被迫接受"臣"的不平等地位①，而且也无法解释那些地处偏远以及努力逃离天下体系的政权和民众。另外，天下秩序包含了古代中国对理想化之国际伦理的诸多想象，对天下体系内的外国一视同仁也与历史实际的情况不相符。

上述内外服之辨、中国中心论、朝贡体系理论和天下秩序观四种理论视角，在解释中国古代的外交体系时都各有局限，根本原因在于它们都没能将中国的国内秩序与外交关系统合在一个理论框架内，尽管一些研究②已经认识到古代中国的家庭人伦和社会关系构成其外交关系的重要基础，或者说外交关系只是国内秩序的向外反映。进一步说，古代中国的国内秩序和外交关系具有较强的同构性。有鉴于此，本书引入费孝通的"差序格局"理论并进行拓展，作为考察古代中国外交体系的一个新视角。

---

① 这种与天下之外的其他国家并存的情形可以称之为列国体制，这在宋朝是比较典型的。参见许倬云：《我者与他者：中国历史上的内外分际》，北京：生活·读书·新知三联书店，2015年，第73页。对该问题的讨论同参见杨联陞：《从历史看中国的世界秩序》，载［美］费正清编：《中国的世界秩序：传统中国的对外关系》，杜继东译，北京：中国社会科学出版社，2010年，第18页。

② 参见郑永年：《中国国家间关系的构建：从"天下"到国际秩序》，《当代亚太》2009年第5期，第46页；［美］费正清编：《中国的世界秩序：传统中国的对外关系》，杜继东译，北京：中国社会科学出版社，2010年，第2页。

封面画《贞观盛会》创作说明①

　　《贞观盛会》的创作历经五年,由中央美术学院孙景波教授主笔携弟子李丹、储芸声于 2016 年 10 月绘制完成。画面高 515 厘米,宽 917 厘米,共绘制人物 137 位。画作于 2016 年 11 月在中国国家博物馆"中华史诗美术大展"首展展出,现藏于中国国家博物馆。

　　《贞观盛会》描画了贞观年间元正日大朝会的盛况。是日,文武百官、地方朝集使、藩属国、外国使者在太极殿向皇帝朝贺、拜贺新岁,呈报政绩展示帝国功德,场面极为隆盛。画面力图展现唐太宗李世民的外交政策思想:"自古皆贵中华,贱夷狄,朕独爱之如一,故其种落皆依朕如父母,四夷可使如一家。"

---

　　① 　此说明为《贞观盛会》的创作者之一李丹博士所提供,谨致谢忱。有关此画创作过程更详尽的讨论,参见孙景波:《梦寻"贞观之治"——〈贞观盛会〉创作谈》,《人民日报》2017 年 6 月 25 日,第 12 版。

画面的历史文献依据之一是唐太宗描绘大朝会的五言诗《元日》："高轩暖春色,邃阁媚朝光。彤庭飞彩斾,翠幌曜明珰。恭己临四极,垂衣驭八荒。霜戟列丹陛,丝竹韵长廊。"并在创作中加入了对盛唐气象的艺术想象。唐王朝贞观年间,中国国力强大,因对外开放的政策,大唐长安不仅是全国政治、经济和文化的中心,而且是名副其实的国际大都会,世界各国的使臣和商人皆汇聚于此。诗人王维"九天阊阖开宫殿,万国衣冠拜冕旒"的诗句描绘出"万国来朝"的情境——各国使节云集京城拜谒唐朝皇帝。诸如天竺(今天的伊朗和巴基斯坦等国)、骠国(今缅甸)、真腊(今柬埔寨)、狮子国(今斯里兰卡)、林邑(今越南)、室利佛逝(今苏门答腊)、西域和中亚各国、西方的拜占庭(东罗马帝国)、波斯(今伊朗)、大食(今阿拉伯地区)、日本等国使者来到长安,参加大朝会活动。

孙景波教授为创作《贞观盛会》,用四年的时间搜集了数以千计的图像资料,手绘七本速写,广泛阅读相关历史文献,摘录大量史料文字。画面中所有器物如黄龙伞、宝幢、乐器等,都有当时出土文物或传世绘画作为依据,服饰图案与建筑样式也有据可查。在绘画手法与表现形式上,作品力求在中国传统壁画和文艺复兴早期的绘画语言中找到结合点,展示既有中国传统绘画特色又有西方光影和透视写实因素的视觉效果,以再现中华历史文明的辉煌气象。

参考文献

［澳］安东尼·瑞德：《东南亚的贸易时代：1450—1680》（第一卷），孙来臣、李塔娜、吴小安译，北京：商务印书馆，2013年。

［澳］王赓武：《华人移民类型的历史剖析》，载［澳］王赓武：《中国与海外华人》，台北：商务印书馆，1994年。

［澳］王赓武：《历史的功能》，香港：中华书局，1990年。

［澳］王赓武：《明代对外关系：东南亚》，载［澳］王赓武：《中国与海外华人》，台北：商务印书馆，1994年。

［澳］王赓武：《南海贸易与南洋华人》，姚楠编译，香港：中华书局，1988年。

［澳］王赓武：《中国历史上的"公营"与"私营"贸易》，载［澳］王赓武：《中国与海外华人》，台北：商务印书馆，1994年。

［澳］王赓武：《明初中国与东南亚的关系：背景分析》，载［美］费正清编：《中国的世界秩序：传统中国的对外关系》，杜继东译，北京：中国社会科学出版社，2010年。

［澳］王赓武：《南方境外：强进与退让——对中国与东南亚间国际关系的文化史思考》，《北京大学研究生学志》2014年第

秋季刊期。

［澳］王赓武：《1800年以来的中英碰撞：战争、贸易、科学及治理》，金明、王之光译，杭州：浙江人民出版社，2015年。

［澳］王赓武：《李光耀——历史、遗产及新加坡理念》，载杨振宁、余英时、王赓武编：《学者谈李光耀》，新加坡：八方文化创作室，2015年。

［澳］王赓武：《更新中国：国家与新全球史》，黄涛译，杭州：浙江人民出版社，2016年。

［澳］王赓武：《天下华人》，广州：广东人民出版社，2016年。

［德］迪特·库恩：《儒家统治的时代：宋的转型》，李文锋译，载［加］卜正民编：《哈佛中国史》（第4卷），北京：中信出版社，2016年。

［德］贡德·弗兰克：《白银资本：重视经济全球化中的东方》，刘北成译，成都：四川人民出版社，2017年。

［德］卡尔·施米特：《陆地与海洋：世界史的考察》，林国基译，上海：上海三联书店，2018年。

［德］罗德里希·普塔克：《海上丝绸之路》，史敏岳译，北京：中国友谊出版公司，2019年。

［德］马克思·韦伯：《新教伦理与资本主义精神》，康乐、简惠美译，桂林：广西师范大学出版社，2010年。

［德］塞巴斯蒂安·康拉德：《全球史是什么》，杜宪兵译，北京：中信出版社，2018年。

［德］于尔根·奥斯特哈默：《亚洲的去魔化：18世纪的欧洲与亚洲帝国》，刘兴华译，北京：社会科学文献出版社，2016年。

［法］费尔南·布罗代尔：《十五至十八世纪的物质文明、经

济和资本主义(第三卷):世界的时间》,顾良、施康强译,北京:商务印书馆,2017年。

[法]费尔南·布罗代尔:《文明史:人类五千年文明的传承与交流》,常绍民、冯棠、张文英、王明毅译,北京:中信出版社,2017年。

[法]弗朗索瓦·吉普鲁:《亚洲的地中海:13—21世纪中国、日本、东南亚商埠与贸易圈》,龚华燕、龙雪飞译,广州:广东新世纪出版社,2014年。

[法]勒内·格鲁塞:《草原帝国》,蓝琪译,北京:商务印书馆,1998年。

[法]勒内·格鲁塞:《草原帝国》,赵晓鹏译,北京:中国致公出版社,2019年。

[法]皮埃尔·布迪厄、华康德:《实践与反思:反思社会学导引》,李猛、李康译,北京:中央编译出版社,1998年。

[法]皮埃尔·布尔迪厄:《实践感》,蒋梓骅译,南京:译林出版社,2012年。

[加]卜正民编:《哈佛中国史》,王兴亮等译,北京:中信出版社,2016年。

[加]卜正民:《挣扎的帝国:元与明》,潘玮琳译,北京:中信出版社,2016年。

[加]王贞平:《多极亚洲中的唐朝》,贾永会译,上海:上海文化出版社,2020年。

[美]艾尔弗雷德·塞耶·马汉:《海权对法国大革命和帝国的影响:1793—1812》,李少彦等译,北京:海洋出版社,2013年。

[美]艾尔弗雷德·塞耶·马汉:《海权对历史的影响

(1660—1783年)(附〈亚洲问题〉)》,李少彦等译,北京:海洋出版社,2013年。

[美]艾尔弗雷德·塞耶·马汉:《海权与1812年战争的关系》,李少彦等译,北京:海洋出版社,2013年。

[美]巴菲尔德:《危险的边疆:游牧帝国与中国》,袁剑译,南京:江苏人民出版社,2011年。

[美]大卫·克里斯蒂安、辛西娅·斯托克斯·布朗、克雷格·本杰明:《大历史:虚无与万物之间》,刘耀辉译,北京:北京联合出版公司,2016年。

[美]戴尔·科普兰:《经济相互依赖与战争》,金宝译,北京:社会科学文献出版社,2018年。

[美]杜赞奇:《从民族国家拯救历史:民族主义话语与中国现代史研究》,王宪明译,北京:社会科学文献出版社,2003年。

[美]费正清编:《中国的世界秩序:传统中国的对外关系》,杜继东译,北京:中国社会科学出版社,2010年。

[美]费正清、刘广京:《剑桥中国晚清史》(下卷),中国社会科学院历史研究所编译室译,北京:中国社会科学出版社,1993年。

[美]弗朗西斯·福山:《政治秩序的起源:从前人类时代到法国大革命》,毛俊杰译,桂林:广西师范大学出版社,2012年。

[美]弗朗西斯·福山:《政治秩序与政治衰败:从工业革命到民主全球化》,毛俊杰译,桂林:广西师范大学出版社,2015年。

[美]高柏:《高铁与中国21世纪大战略》,北京:社会科学文献出版社,2012年。

[美]格奥尔格·伊格尔斯、王晴佳、苏普里娅·穆赫吉:《全球史学史》(第二版),杨豫、[美]王晴佳译,北京:北京大学出版社,2019年。

[美]亨利·基辛格:《世界秩序》,胡利平、林华、曹爱菊译,北京:中信出版社,2015年。

[美]黄仁宇:《中国大历史》,北京:生活·读书·新知三联书店,1997年。

[美]黄仁宇:《万历十五年(增订纪念本)》,北京:中华书局,2018年。

[美]贾雷德·戴蒙德:《枪炮、病菌与钢铁:人类社会的命运》,谢延光译,上海:上海译文出版社,2006年。

[美]杰克·魏泽福:《征服者与众神:成吉思汗如何为蒙古帝国开创盛世》,黄中宪译,台北:时报文化,2018年。

[美]杰里·本特利、赫伯特·齐格勒:《新全球史:文明的传承与交流(1000—1800年)》(第5版),魏凤莲译,北京:北京大学出版社,2014年。

[美]克里尚·库马尔:《千年帝国史》,石炜译,北京:中信出版社,2019年。

[美]康灿雄:《西方之前的东亚》,陈昌煦译,北京:社会科学文献出版社,2016年。

[美]柯岚安:《中国视野下的世界秩序:天下、帝国和世界》,载赵汀阳编:《天下体系:世界制度哲学导论》,北京:中国人民大学出版社,2011年。

[美]孔飞力:《叫魂:1768年中国妖术大恐慌》,陈兼、刘昶译,上海:上海三联书店,2012年。

［美］拉铁摩尔:《中国的亚洲内陆边疆》,唐晓峰译,南京:江苏人民出版社,2005年。

［美］理查德·内德·勒博:《国际关系的文化理论》,陈锴译,上海:上海社会科学院出版社,2015年。

［美］林肯·佩恩:《海洋与文明》,陈建军、罗燚英译,天津:天津人民出版社,2017年。

［美］陆威仪:《世界性的帝国:唐朝》,张晓东、冯世明译,载［加］卜正民编:《哈佛中国史》(第3卷),北京:中信出版社,2016年。

［美］陆威仪:《早期的中华帝国:秦与汉》,王兴亮译,载［加］卜正民编:《哈佛中国史》(第1卷),北京:中信出版社,2016年。

［美］马克·曼考尔:《清代朝贡制度新解》,载［美］费正清编:《中国的世界秩序:传统中国的对外关系》,杜继东译,北京:中国社会科学出版社,2010年。

［美］马立博:《中国环境史:从史前到现代》,关永强、高丽洁译,北京:中国人民大学出版社,2015年。

［美］马娅·亚桑诺夫:《英国在东方的征服与收藏:1750—1850年》,朱邦芊译,北京:社会科学文献出版社,2019年。

［美］孟德卫:《奇异的国度:耶稣会适应政策及汉学的起源》,陈怡译,郑州:大象出版社,2010年。

［美］尼古拉斯·斯皮克曼:《和平地理学:边缘地带的战略》,俞海杰译,上海:上海人民出版社,2016年。

［美］欧立德:《乾隆帝》,青石译,北京:社会科学文献出版社,2014年。

［美］彭慕兰:《大分流:欧洲、中国及现代世界经济的发展》,

史建云译,南京:江苏人民出版社,2003 年。

[美]彭慕兰、史蒂文·托皮克:《贸易打造的世界:1400 年至今的社会、文化与世界经济》,黄中宪、吴莉苇译,上海:上海人民出版社,2018 年。

[美]入江昭:《全球史与跨国史:过去,现在和未来》,邢承吉、滕凯炜译,杭州:浙江大学出版社,2018 年。

[美]芮乐伟·韩森:《丝绸之路新史》,张湛译,北京:北京联合出版公司,2015 年。

[美]桑贾伊·苏拉马尼亚姆:《葡萄牙帝国在亚洲:1500—1700》(第二版),巫怀宇译,桂林:广西师范大学出版社,2018 年。

[美]史景迁:《康熙:重构一位中国皇帝的内心世界》,温洽溢译,桂林:广西师范大学出版社,2011 年。

[美]史景迁:《改变中国:在中国的西方顾问》,温洽溢译,桂林:广西师范大学出版社,2014 年。

[美]史景迁:《利玛窦的记忆宫殿》,章可译,桂林:广西师范大学出版社,2015 年。

[美]斯塔夫里阿诺斯:《全球通史:从史前到 21 世纪:第 7 版新校本》(下册),吴象婴、梁赤民译,北京:北京大学出版社,2020 年。

[美]威廉·麦克尼尔:《瘟疫与人》,余新忠、毕会成译,北京:中信出版社,2018 年。

[美]威廉·麦克尼尔:《西方的兴起:人类共同体史》,孙岳、陈志坚、于展译,北京:中信出版社,2018 年。

[美]谢健:《帝国之裘》,关康译,北京:北京大学出版社,

2019 年。

[美]辛西娅·史托克斯·布朗:《大历史:从大霹雳到今天的人类世界》,杨惠君、蔡耀纬译,台北:马可孛罗文化事业股份有限公司,2017 年。

[美]许烺光:《美国人与中国人》,沈彩艺译,杭州:浙江人民出版社,2017 年。

[美]伊曼纽尔·沃勒斯坦:《现代世界体系(第二卷):重商主义与欧洲世界经济体的巩固:1600—1750》,郭方、吴必康、钟伟云译,北京:社会科学文献出版社,2013 年。

[美]伊曼纽尔·沃勒斯坦:《现代世界体系(第三卷):资本主义世界经济大扩张的第二时期:1730—1840 年代》,郭方、夏继果、顾宁译,北京:社会科学文献出版社,2013 年。

[美]伊曼纽尔·沃勒斯坦:《现代世界体系(第四卷):中庸的自由主义的胜利:1789—1914》,吴英译,北京:社会科学文献出版社,2013 年。

[美]伊曼纽尔·沃勒斯坦:《现代世界体系(第一卷):16 世纪的资本主义农业和欧洲世界经济的起源》,郭方、刘新成、张文刚译,北京:社会科学文献出版社,2013 年。

[美]约翰·R.麦克尼尔、威廉·H.麦克尼尔:《麦克尼尔全球史:从史前到 21 世纪的人类网络》,王晋新译,北京:北京大学出版社,2017 年。

[美]詹姆士·斯科特:《逃避统治的艺术:东南亚高地的无政府主义历史》,王晓毅译,北京:生活·读书·新知三联书店,2016 年。

[美]詹姆斯·斯塔夫里迪斯:《海权:海洋帝国与今日世

界》,蒋宗强译,北京:中信出版社,2019年。

[美]珍·波本克、弗雷德里克·库伯:《世界帝国二千年:一部关于权力政治的全球史》,冯奕达译,新北:八旗文化/远足文化事业股份有限公司,2015年。

[清]鄂尔泰、朱轼、甘汝来、张廷玉等编:《日讲——〈礼记〉解义》(上),北京:中国书店,2016年。

[清]库勒纳、叶方蔼等编:《日讲——〈书经〉解义》(下),北京:中国书店,2016年。

[清]库勒纳、叶方蔼等编:《日讲——〈四书〉解义》(上),北京:中国书店,2016年。

[清]库勒纳、叶方蔼等编:《日讲——〈四书〉解义》(下),北京:中国书店,2016年。

[日]滨下武志:《中国、东亚与全球经济:区域和历史的视角》,王玉茹、赵劲松、张玮译,北京:社会科学文献出版社,2009年。

[日]柄谷行人:《帝国的结构:中心、周边、亚周边》,林晖钧译,台北:心灵工坊文化事业股份有限公司,2015年。

[日]渡边信一郎:《中国古代的王权与天下秩序:从日中比较史的视角出发》,徐冲译,北京:中华书局,2008年。

[日]福井宪彦:《近代欧洲的霸权》,潘德昌译,北京:北京日报出版社,2019年。

[日]冈田英弘、神田信夫、松村润:《紫禁城的荣光:明清全史》,王帅译,北京:社会科学文献出版社,2017年。

[日]宫本一夫等:《讲谈社·中国的历史》,吴菲等译,桂林:广西师范大学出版社,2014年。

［日］宫崎市定：《亚洲史概说》，北京：民主与建设出版社，2017年。

［日］气贺泽保规：《讲谈社·中国的历史06·绚烂的世界帝国》，石晓军译，桂林：广西师范大学出版社，2014年。

［日］浅田实：《东印度公司：巨额商业资本之兴衰》，顾姗姗译，北京：社会科学文献出版社，2016年。

［日］森安孝夫：《兴亡的世界史03（丝绸之路与唐帝国）》，石晓军译，北京：北京日报出版社，2020年。

［日］森鹿三编著：《魏晋南北朝》，陈健成译，成都：四川人民出版社，2020年。

［日］杉山正明：《蒙古帝国的兴亡（下）：世界经营的时代》，孙越译，北京：社会科学文献出版社，2015年。

［日］杉山正明：《忽必烈的挑战：蒙古帝国与世界历史的大转向》，周俊宇译，北京：社会科学文献出版社，2017年。

［日］杉山正明：《蒙古帝国与其漫长的后世》，乌兰译，北京：北京日报出版社，2020年。

［日］上田信：《讲谈社·中国的历史09·海与帝国：明清时代》，高莹莹译，桂林：广西师范大学出版社，2014年。

［日］石泽良昭：《兴亡的世界史06（东南亚：多文明世界的发现）》，瞿亮译，北京：北京日报出版社，2019年。

［日］檀上宽：《永乐帝》，王晓峰译，北京：社会科学文献出版社，2015年。

［日］藤原利一郎：《东南亚历史地理》，载潘明智、张清江编：《东南亚地理历史译丛》，潘明智、张清江译，新加坡：南洋学会出版，1989年。

[日]小岛毅:《讲谈社·中国的历史07·中国思想与宗教的奔流:宋朝》,何晓毅译,桂林:广西师范大学出版社,2014年。

[日]羽田正:《兴亡的世界史09(东印度公司与亚洲之海)》,毕世鸿、李秋艳译,北京:北京日报出版社,2020年。

[日]羽田正编:《从海洋看历史》,张雅婷译,新北:广场出版,2017年。

[瑞士]谭凯:《肇造区夏:宋代中国与东亚国际秩序的建立》,殷守甫译,北京:社会科学文献出版社,2020年。

[苏]柯金:《中国古代社会》(上),岑纪译,太原:山西人民出版社,2015年。

[新加坡]黄基明:《王赓武谈世界史:欧亚大陆与三大文明》,刘怀昭译,香港:香港中文大学出版社,2018年。

[新西兰]尼古拉斯·塔林编:《剑桥东南亚史》(第二卷),王士录等译,昆明:云南人民出版社,2003年。

[新西兰]尼古拉斯·塔林编:《剑桥东南亚史》(第一卷),贺圣达等译,昆明:云南人民出版社,2003年。

[以色列]尤瓦尔·赫拉利:《人类简史:从动物到上帝》,林俊宏译,北京:中信出版社,2017年。

[印度]G.D.古拉提:《蒙古帝国中亚征服史》,刘瑾玉译,北京:社会科学文献出版社,2017年。

[英]阿尔弗雷德·考尔德科特:《大英殖民帝国》,周亚莉译,北京:华文出版社,2019年。

[英]艾伦·麦克法兰:《现代世界的诞生》,上海:上海人民出版社,2013年。

[英]保罗·肯尼迪:《大国的兴衰:1500—2000年的经济变

革与军事冲突》,王保存、王章辉、余昌楷译,北京:中信出版社,2013 年。

[英]本·威尔逊:《深蓝帝国:英国海军的兴衰》(下),沈祥麟译,北京:社会科学文献出版社,2019 年。

[英]彼得·阿迪:《移动性》,戴特奇译,北京:北京师范大学出版社,2020 年。

[英]彼得·弗兰科潘:《丝绸之路:一部全新的世界史》,邵旭东,孙芳译,杭州:浙江大学出版社,2016 年。

[英]布赖恩·莱弗里:《海洋帝国》,施诚、张珉璐译,北京:中信出版社,2016 年。

[英]D.G.E.霍尔:《东南亚史》(上册),中山大学东南亚历史研究所译,北京:商务印书馆,1982 年。

[英]哈·麦金德:《历史的地理枢纽》,林尔蔚、陈江译,北京:商务印书馆,2010 年。

[英]哈福德·麦金德:《民主的理想与现实:重建的政治学之研究》,王鼎杰译,上海:上海人民出版社,2016 年。

[英]赫伯特·乔治·韦尔斯:《世界史纲:生物和人类的简明史》(下),吴文藻、冰心、费孝通译,南京:译林出版社,2015 年。

[英]基思·托马斯:《16 和 17 世纪英格兰大众信仰研究》,芮传明、梅剑华译,南京:译林出版社,2019 年。

[英]理查德·霍尔:《季风帝国:印度洋及其入侵者的历史》,陈乔一译,天津:天津人民出版社,2019 年。

[英]罗杰·克劳利:《征服者:葡萄牙帝国的崛起》,陆大鹏译,北京:社会科学文献出版社,2016 年。

[英]马克辛·伯格:《奢侈与逸乐:18世纪英国的物质世界》,孙超译,北京:中国工人出版社,2019年。

[英]尼尔·弗格森:《帝国》,雨珂译,北京:中信出版社,2012年。

[英]吴芳思:《丝绸之路2000年》,赵学工译,上海:上海辞书出版社,2000年。

[英]亚当·克卢洛:《公司与将军:荷兰人与德川时代日本的相遇》,朱新屋、董丽琼译,北京:中信出版社,2019年。

[英]约翰·达尔文:《帖木儿之后:1405—2000年全球帝国史》,黄中宪译,新北:野人文化,2019年。

[英]詹姆斯·费尔格里夫:《地理与世界霸权》,胡坚译,杭州:浙江人民出版社,2016年。

[越南]孙士觉:《越南古汉诗选辑》,《中国诗歌研究动态》2005年第1期。

Franke, Herbert, Twitchett, Denis, edited, *The Cambridge History of China*, *Volume 6*, *Alien Regimes and Border States*, *907—1368*, Cambridge: Cambridge University Press, 1994.

Jin, G., "Interpreting Modern Chinese History through the Theory of Ultra-stable Systems", in G. Davies edited, *Voicing Concerns*: *Contemporary Chinese Critical Inquiry*, Lanham, Maryland: Rowman& Littlefield Publishers, Inc., 2001.

Lo, Jung-Pang, "The Emergence of China as a Sea Power During the Late Sung and Early Yuan Periods", *The Far Eastern Quarterly*, 1955(4).

Lo, Jung-pang, *China as a Sea Power 1127—1368: A Pre-*

liminary Survey of the Maritime Expansion and Naval Exploits of the Chinese People During the Southern Song and Yuan Periods,Hong Kong:NUS Press & Hong Kong University Press,2012.

Mote,Frederick W.,Twitchett,Denis,edited,*The Cambridge History of China*,*Volume 7*,*The Ming Dynasty*,*1368—1644*,Part I,Cambridge:Cambridge University Press,1998.

Neuman,W.Lawrence,*Social Research Methods:Qualitative and Quantitative Approaches* (7th revised edition),Essex,England:Pearson Education Limited,2014.

Rawski,Evelyn S.,*Early Modern China and Northeast Asia:Cross-Border Perspectives*,Cambridge:Cambridge University Press,2015.

Sheng,Sixin,"Between the State and the Market:A Comparative Study of the Government-Enterprise Relationship in China and the United States",PhD Dissertation,School of Management,Australian School of Business,University of New South Wales,2013.

Twitchett,Denis,edited,*The Cambridge History of China:Volume 3*,*Sui and T'ang China*,*589—906*,Part I,Cambridge:Cambridge University Press,2008.

Twitchett,Denis,Smith,Paul J.,edited,*The Cambridge History of China*,*Part One:The Sung Dynasty and Its Precursors*,*907—1279*,Cambridge:Cambridge University Press,2009.

Wang,Gungwu,*Divided China:Preparing for Reunifi-*

cation,883—947（2nd edition），Singapore：World Scientific Publishing Co.Pte.Ltd.,2007.

Wang,Gungwu,*The Chinese Overseas:From Earthbound China to the Quest for Autonomy*,Cambridge,Massachusetts：Harvard University Press,2000.

Zheng,Yongnian,*The Chinese Communist Party as Organizational Emperor:Culture,Reproduction,and Transformation*,London & New York：Routledge,2010.

安平秋、张传玺编：《二十四史全译·汉书》（第二册），上海：汉语大词典出版社,2004年。

安平秋、张传玺编：《二十四史全译·汉书》（第三册），上海：汉语大词典出版社,2004年。

白寿彝：《中国史纲要》,北京：中国友谊出版公司,2016年。

蔡元培：《中国伦理学史》,北京：东方出版社,1996年。

陈国保：《汉代交趾地区的内地移民考》,《广西民族大学学报》2007年第4期。

陈慧：《试论高丽对宋的朝贡贸易》,《东疆学刊》2009年第3期。

陈俊杰、陈震：《"差序格局"再思考》,《社会科学战线》1998年第1期。

陈来：《古代宗教与伦理：儒家思想的根源》,北京：生活·读书·新知三联书店,2009年。

陈来：《中华文明的核心价值：国学流变与传统价值观》,北京：生活·读书·新知三联书店,2015年。

陈序经：《匈奴通史》,北京：新世界出版社,2017年。

邓小平：《邓小平文选》（第三卷），北京：人民出版社，1993年。

邓小平：《邓小平军事文集》（第三卷），北京：军事科学出版社、中央文献出版社，2004年。

范文澜：《中国通史简编》，北京：商务印书馆，2017年。

费孝通：《乡土中国》，北京：生活·读书·新知三联书店，1985年。

费孝通、吴晗等：《皇权与绅权》（增补本），上海：华东师范大学出版社，2015年。

葛剑雄：《统一与分裂：中国历史的启示》，北京：商务印书馆，2013年。

葛兆光：《古代中国文化讲义》，上海：复旦大学出版社，2012年。

葛兆光：《推荐序》，载［加］卜正民编：《哈佛中国史》，王兴亮等译，北京：中信出版社，2016年。

葛兆光：《历史中国的内与外——有关"中国"与"周边"概念的再澄清》，香港：中文大学出版社，2017年。

葛兆光：《想象异域——读李朝朝鲜汉文燕行文献札记》，北京：中华书局，2014年。

葛兆光：《宅兹中国——重建有关"中国"的历史论述》，北京：中华书局，2011年。

顾卫民：《葡萄牙海洋帝国史：1415—1825》，上海：上海社会科学院出版社，2018年。

国家发展改革委、外交部、商务部：《推动共建丝绸之路经济带和21世纪海上丝绸之路的愿景与行动》，北京：人民出版社，

2015 年。

何芳川:《"华夷秩序"论》,《北京大学学报(哲学社会科学版)》1998 年第 6 期。

何新华:《最后的天朝:清代朝贡制度研究》,北京:人民出版社,2012 年。

何新华:《中国外交史:从夏至清》(上册),北京:中国经济出版社,2017 年。

何新华:《中国外交史:从夏至清》(下册),北京:中国经济出版社,2017 年。

贺圣达:《东南亚文化发展史》,昆明:云南人民出版社,2010 年。

贺圣达:《东南亚历史和文化发展:分期和特点》,《学术探索》2011 年第 6 期。

黄纯艳:《宋代朝贡体系研究》,北京:商务印书馆,2014 年。

黄基明:《王赓武谈世界史:欧亚大陆与三大文明》,刘怀昭译,香港:香港中文大学出版社,2018 年。

黄云静:《伊斯兰教在东南亚早期传播的若干问题》,《中山大学学报(社会科学版)》2000 年第 1 期。

冀朝鼎:《中国历史上的基本经济区》,北京:商务印书馆,2014 年。

贾太宏:《礼记》,贾太宏译,北京:西苑出版社,2016 年。

翦伯赞:《中国史纲要(增订本)》(上下),北京:北京大学出版社,2006 年。

蒋竹山编:《当代历史学新趋势》,新北:联经出版事业股份有限公司,2019 年。

金观涛、刘青峰:《兴盛与危机:论中国社会超稳定结构》,香港:香港中文大学出版社,1992 年。

金耀基:《从传统到现代》,北京:中国人民大学出版社,1999 年。

科林·弗林特、张晓通:《"一带一路"与地缘政治理论创新》,《外交评论》2016 年第 3 期。

李伯重、韦森、刘怡等:《枪炮、经济与霸权》,北京:现代出版社,2020 年。

李家成、李普前:《马汉"海权论"及其对中国海权发展战略的启示》,《太平洋学报》2013 年第 10 期。

李思涵:《东南亚华人史》,北京:东方出版社,2015 年。

李学勤编:《十三经注疏·尚书正义》,北京:北京大学出版社,1999 年。

李云泉:《朝贡制度的理论渊源与时代特征》,《中国边疆史地研究》2006 年第 3 期。

李云泉:《万邦来朝:朝贡制度史论》(修订版),北京:新华出版社,2014 年。

梁漱溟:《中国文化要义》,上海:上海人民出版社,2018 年。

梁志明、李谋、杨保筠编:《东南亚古代史:上古至 16 世纪初》,北京:北京大学出版社,2013 年。

廖敏淑:《清代中国对外关系新论》,台北:政大出版社,2013 年。

林梅村:《丝绸之路考古十五讲》,北京:北京大学出版社,2006 年。

刘学铫:《突厥汗国》,西安:陕西人民出版社,2019 年。

刘源:《"五等爵"制与殷周贵族政治体系》,《历史研究》2014年第1期。

刘跃进:《当代国家安全理论视角下的中国古代国家安全思想》,《中国人民公安大学学报(社会科学版)》2013年第3期。

柳宗元:《柳宗元集》,北京:中华书局,1979年。

鲁西奇:《中国历史的空间结构》,桂林:广西师范大学出版社,2014年。

罗家伦:《序黄麟书先生秦皇长城考》,载台湾三军大学编:《中国历代战争史》(第2册),北京:中信出版社,2012年。

罗新:《有所不为的反叛者:批判、怀疑与想象力》,上海:上海三联书店,2019年。

吕思勉:《吕著中国通史》,上海:华东师范大学出版社,2005年。

吕思勉:《中国通史(彩图珍藏版)》,北京:中华书局,2015年。

吕思勉:《吕著中国通史》(下),哈尔滨:哈尔滨出版社,2019年。

马勇:《十九世纪中叶以前华侨对东南亚海岛地区文化形成所作的贡献》,《东南亚纵横》1993年第4期。

马勇:《十九世纪中叶以前华人在东南亚海岛地区的活动及其特点》,《云南学术探索》1994年第2期。

南怀瑾:《南怀瑾选集(第十卷):原本大学微言》,上海:复旦大学出版社,2003年。

聂崇正:《郎世宁的绘画艺术》,北京:人民美术出版社,2017年。

钮先钟:《战略研究入门》,上海:文汇出版社,2018年。

钱穆:《中国文化史导论》,北京:商务印书馆,1994年。

钱穆:《钱宾四先生全集(第29卷):中国文化史导论、中国历史精神》,台北:联经出版事业股份有限公司,1998年。

钱穆:《中国历代政治得失》(新校本),北京:九州出版社,2012年。

钱穆:《中国历史精神》,新北:联经出版事业股份有限公司,1998年。

钱穆:《中国历史研究法》,北京:生活·读书·新知三联书店,2001年。

钱穆:《中国历史精神》,北京:九州出版社,2012年。

钱穆:《中国历史研究法》,北京:九州出版社,2012年。

钱穆:《中国文化十二讲》(新校本),北京:九州出版社,2012年。

强世功:《地缘政治战略与世界帝国的兴衰——从"壮年麦金德"到"老年麦金德"》,《中国政治学》2018年第2期。

秦晖:《传统十论:本土社会的制度、文化及其变革》,太原:山西人民出版社,2019年。

秦奇、成升魁:《东南亚地缘格局时空演变研究》,《太平洋学报》2017年第8期。

邱炫煜:《中国海洋发展史上"东南亚"名词溯源的研究》,载吴剑雄编:《中国海洋发展史论文集(第四辑)》,台北:"中央研究院"中山人文社会科学研究所,1991年。

瞿同祖:《中国封建社会》,上海:上海人民出版社,2005年。

全汉昇:《明清经济史研究》,新北:联经出版事业股份有限公司,1987年。

饶胜文:《布局天下:中国古代军事地理大势》,北京:解放军出版社,2001年。

商务部国际贸易经济合作研究院:《中欧班列贸易通道发展报告·2019年》,北京:商务部国际贸易经济合作研究院,2019年。

盛思鑫:《大一统思想与意识形态结构》,《中西文化研究》2010年第2期。

盛思鑫:《法人人格理论:历史的视角》,《社会理论学报》2006年第1期。

盛思鑫:《中国为什么传统上不重视东南亚》,《厦门大学学报(哲学社会科学版)》2019年第5期。

史习隽:《西儒远来——耶稣会士与明末清初的中西交流》,北京:商务印书馆,2019年。

施展:《枢纽:3000年的中国》,桂林:广西师范大学出版社,2018年。

宋光宇:《论语心解》,台北:万卷楼图书股份有限公司,2008年。

孙景波:《梦寻"贞观之治"——〈贞观盛会〉创作谈》,《人民日报》2017年。

孙卫国:《从尊明到奉清:朝鲜王朝对清意识的嬗变,1627—1910》,台北:台大出版中心,2019年。

台湾三军大学:《中国历代战争史》(第2册),北京:中信出版社,2012年。

台湾三军大学:《中国历代战争史》(第17册),北京:中信出版社,2012年。

谭其骧:《长水集(续编)》,北京:人民出版社,2019年。

陶晋生:《传统中国的对外关系》,载陶晋生编著:《宋辽金史论丛》,新北:联经出版事业股份有限公司,2013年。

万明:《中国融入世界的步履:明与清前期海外政策比较研究》,北京:故宫出版社,2014年。

王冠英:《殷周的外服及其演变》,《历史研究》1984年第5期。

王建革:《江南环境史研究》,北京:科学出版社,2016年。

王明珂:《华夏边缘:历史记忆与族群认同》,上海:上海人民出版社,2020年。

王明珂:《游牧者的抉择:面对汉帝国的北亚游牧部族》,新北:联经出版事业股份有限公司,2009年。

王宇信、徐义华:《商代国家与社会》,北京:中国社会科学出版社,2011年。

王玉波:《中国古代的家》,北京:商务印书馆,1995年。

王震中:《论商代复合制国家结构》,《中国史研究》2012年第3期。

王正毅:《国际政治经济学通论》,北京:北京大学出版社,2010年。

王治来:《中亚通史》(古代卷上),新疆:新疆人民出版社,2007年。

吴凤斌:《东南亚华侨通史》,福州:福建人民出版社,1993年。

吴兢编:《贞观政要》,北京:中华书局,2012年。

吴龙灿:《天命、正义与伦理:董仲舒政治哲学研究》,北京:

人民出版社,2013年。

　　吴松弟:《中国近代经济地理(第一卷):绪论和全国概况》,上海:华东师范大学出版社,2015年。

　　吴征宇:《地理政治学与大战略》,北京:中国法制出版社,2012年。

　　吴征宇:《地理战略论的分析范畴与核心命题》,《太平洋学报》2017年第1期。

　　伍庆玲:《朝贡贸易制度论》,《南洋问题研究》2002年第4期。

　　徐坡岭、黄茜:《中国与"一带一路"沿线国家贸易合作》,载李永全主编:《"一带一路"建设发展报告(2019)》,北京:社会科学文献出版社,2019年。

　　许纪霖:《家国天下:现代中国的个人、国家与世界认同》,上海:上海人民出版社,2017年。

　　许嘉璐编:《二十四史全译·三国志》(第一册),上海:汉语大词典出版社,2004年。

　　许倬云:《历史大脉络》,桂林:广西师范大学出版社,2009年。

　　许倬云:《说中国:一个不断变化的复杂共同体》,桂林:广西师范大学出版社,2015年。

　　许倬云:《西周史:增补二版》,北京:生活·读书·新知三联书店,2012年。

　　许倬云:《许倬云观世变》,桂林:广西师范大学出版社,2008年。

　　许倬云:《我者与他者:中国历史上的内外分际》,北京:生活·读书·新知三联书店,2015年。

许倬云:《中国古代文化的特质》,厦门:鹭江出版社,2016 年。

许倬云:《中国文化的精神》,北京:九州出版社,2018 年。

许倬云:《中西文明的对照》(精装珍藏版),杭州:浙江人民出版社,2016 年。

汪荣祖编:《清帝国性质的再商榷》,台北:远流出版事业股份有限公司,2014 年。

武斌:《文明的力量:中华文明的世界影响力》,广州:广东人民出版社,2019 年。

杨伯峻:《论语译注》,杨伯峻译,北京:中华书局,2006 年。

杨国桢、陈支平:《中国历史:明史》,北京:人民出版社,2006 年。

杨军、高厦:《怛逻斯之战:唐与阿拉伯帝国的交锋》,北京:商务印书馆,2016 年。

杨宽:《西周史》(上),上海:上海人民出版社,2016 年。

杨联陞:《从历史看中国的世界秩序》,载[美]费正清编:《中国的世界秩序:传统中国的对外关系》,杜继东译,北京:中国社会科学出版社,2010 年。

杨联陞:《国史探微:宏观视野下的微观考察》,北京:中信出版社,2015 年。

叶嘉莹:《叶嘉莹说初盛唐诗》,北京:中华书局,2008 年。

易中天:《易中天中华史:从春秋到战国》,杭州:浙江文艺出版社,2016 年。

易中天:《易中天中华史:奠基者》,杭州:浙江文艺出版社,2016 年。

易中天:《风流南宋》,杭州:浙江文艺出版社,2018 年。

余英时：《汉代贸易与扩张：汉胡经济关系结构研究》，邬文玲等译，上海：上海古籍出版社，2005年。

张宝林：《中越关系中的干涉与朝贡，1788—1790》，载［美］费正清编：《中国的世界秩序：传统中国的对外关系》，北京：中国社会科学出版社，2010年。

赵鼎新：《东周战争与儒法国家的诞生》，夏江旗译，北京：北京联合出版公司，2020年。

张岱年、程宜山：《中国文化精神》，北京：北京大学出版社，2015年。

张国刚：《胡天汉月映西洋：丝路沧桑三千年》，北京：生活·读书·新知三联书店，2019年。

张文江：《中国地理大势分析》，载张文江：《渔人之路和问津者之路》，上海：上海文艺出版社，2020。

张文木：《"麦金德悖论"与英美霸权的衰落》，《国际关系学院学报》2012年第5期。

张文木：《地缘政治的本质及其中国运用》，《太平洋学报》2017年第8期。

张文木：《论中国海权》（第三版），北京：海洋出版社，2014年。

张荫麟：《中国史纲》，北京：中华书局，2019年。

张蕴岭编：《百年大变局：世界与中国》，北京：中共中央党校出版社，2019年。

张永江：《礼仪与政治：清朝礼部与理藩院对非汉族群的文化治理》，《清史研究》2019年第1期。

赵声良：《飞天艺术：从印度到中国》，南京：江苏美术出版社，2016年。

赵汀阳:《天下的当代性:世界秩序的实践与想象》,北京:中信出版社,2016年。

郑玄、孔颖达:《礼记正义(十三经注疏)》,北京:北京大学出版社,2000年。

郑永年:《中国国家间关系的构建:从"天下"到国际秩序》,《当代亚太》2009年第5期。

周振鹤:《中国历史政治地理十六讲》,北京:中华书局,2013年。

朱杰勤:《东南亚华侨史》,北京:高等教育出版社,1990年。

致　谢

　　这本书的缘起，最早可追溯至十余年前。当时我在新加坡国立大学东亚研究所工作，时任研究所长（research director）黄朝翰教授（John Wong Chiu Hon，1939—2018）经常在每周二上午的讨论会上评论中国与东南亚的关系，后来他还命我撰写一篇有关中国与东南亚关系史的文章。黄朝翰教授不仅在那时给予我很多指导、帮助与鼓励，而且在我离开东亚研究所之后，也很关心我的工作与生活。他的学术精神与长者之风令人感佩。

　　王赓武教授是伟大的历史学家，也是本书涉及领域最权威的学者。不曾想到我在新加坡国立大学毕业后留校工作，会和他有一段做同事的奇妙缘分，并且有幸得遇王教授亲炙。本书引用了王教授不少的著作和文章，并从他当年的讲座和会议讨论中获益匪浅。

郑永年教授于我的指导和提携也很多，我很有幸在东亚研究所时曾与他共事。作为蜚声海内外的中国研究专家，郑永年教授对待同事和后辈没有一点架子，而且从来都是乐于提供帮助。郑永年教授曾为我的第一本书作序，如今又欣然为本书写序，这对我在学术上的坚持是莫大的鼓励。

现任新加坡国立大学资深研究员的赵力涛博士、澳门大学的由冀教授、清华大学的王天夫教授、北京大学的陈绍锋教授等，都是我在新加坡时的同事，但他们于我亦师亦友。无论是在新加坡时，还是离开新加坡后，他们总是关心我，并帮助我很多。对此我一直心怀感激。他们在学术上的精进与成就，也为我撰写本书提供了重要的动力：我总担心自己研究荒废，而不再配与他们为伍。

博士毕业回国后，我在国家发展改革委国际合作中心工作，对我研究上帮助最大的是曹文炼主任与刘建兴副主任。曹主任本就是学者型官员，我从学术研究转向政策研究，曹主任是当之无愧的导师。我从他那里学到了如何找准问题、如何提出对策以及如何提高文稿水平。曹主任很关心我的研究工作，还曾支持我赴哈佛大学任访问学者。在曹主任的带领下，五六年前我曾和其他同事做过一个关于当代中国经略周边的课题，对我撰写本书有不小的启发。刘建兴副主任也是学者型官员，我跟随刘副主任做的第一个重要课题就是有关"一带一路"的,后来又在他的指导下陆续做了一些国际经济战略领域的研究。本书从刘副主任的智慧中获益良多。

国家发展改革委国际合作中心的黄勇主任对于本书的帮助也很大。他不仅对我的研究予以肯定和鼓励,而且对我栽培有加,在为人处世方面经常不吝提点。黄主任去年推荐我赴厦门挂职任市"一带一路"办公室副主任,这使我能够从地方的视角和实操的层面来理解"一带一路"。本书之所以能够从历史的角度对现实提出一些可资借鉴的建议,与这段工作经历是分不开的。

我去厦门挂职前,博士后导师郑新立主任专门介绍原厦门市计委主任郑金沐先生给我认识。两位老主任在学习、工作与生活方面都是我的楷模,也给予我诸多指导和关怀。每每想起他们,都令我特别感动。

我在厦门挂职期间,厦门市发展改革委的潘力方书记、张志红主任、傅如荣副主任、李晓燕副主任、郑宪文处长、杨帆处长、吴群猛处长等领导和同事,在工作或生活中都对我帮助很多。此外,还必须得提到李玉辉局长、洪军副局长、林培森局长、卢海林副秘书长、谢南香处长、陈哲新处长等人对我生活上的关心与照顾。在此难分先后,也挂一漏万,只能一并表示感谢并祈谅解。

华侨领袖陈嘉庚先生创办了集美大学,也创办了著名的厦门大学,两校的毕业生都可称为嘉庚子弟。我何其有幸认识厦门大学毕业的一些优秀学长,他们不因我毕业于集美大学就看轻我,反倒因为同是嘉庚子弟而对我关爱有加,于此我一直感铭在心,也请原谅我无法在此一一言明。

厦门大学出版社是国家一级出版社,本书能够与之结缘,对我也是重要的鼓励。在此要特别感谢厦门大学"一带一路"研究院常务副院长陈武元教授的推荐。陈教授无私地奖掖提拔后学后进,我正是众多受益者中的一人。本书的责任编辑章木良老师,专业高效而且不厌其烦,为本书的出版做了大量工作。

中国社科院亚太与全球战略研究院钟飞腾研究员为本书撰写了一个长序,其学养之深厚、治学之严谨、待友之至诚,叫人十分钦佩。本书封面画的授权,来自中央美术学院孙景波教授及弟子李丹和储芸声的慷慨赠予,中国国家博物馆考古院院长戴向明研究员也给予了宝贵协助。书名由中国书法家协会会员张克锋教授题写,为本书增色不少。我的好友和同事陈树志、王伶鑫、郭建民、胡丽娜等人在本书撰写过程中提供了帮助,其中特别需要提到的是邢秀婷,她耐心细致地整理校对本书的注释和参考文献,为我节省了大量时间。

作者在致谢中感谢家人是一种惯常的"政治正确",但我对家人更多的是感到愧疚。我平时工作本就繁忙,写作本书更是消耗了大多数业余时间,陪伴和关心父母妻儿的时间少之又少。岳父母不顾年迈，帮助照顾家事，我心有不忍但又别无他法。我知道这些都将是永久的亏欠，但愿以后不会亏欠他们更多。

白居易有诗云："我有所念人，隔在远远乡。我有所感事，结在深深肠。乡远去不得，无日不瞻望。肠深解不得，无夕不思量。"回望我上大学以来的二十年余，辗转四国六地，与家人总是聚少离多，常有雪泥鸿爪之感。但不论我身在何处，都会不时想起先祖父的正直和慷慨、先外祖母的善良和宽厚。他们对我儿时的疼爱、照顾和教导一直是我勇往直前的不竭动力。今年也恰逢先曾祖父为革命事业牺牲九十周年。本书献给三位先辈，我觉着是一个很好的告慰与纪念。

最后我想说的既是感谢，也是申明。我必须得感谢现在的工作单位，为我撰写本书提供了某些契机和条件。但正如致谢所显示的，这本书只是我在众人帮助下的个人思考，并不能代表任何官方的立场或观点，而且其中的错误也不能归咎于任何帮助过我的人。

盛思鑫

2020 年 11 月 7 日于北京司辛庄